Heike Fischer

Wer sagt mir eigentlich wo's lang geht?

Kopf oder Bauch?

Ein Erfahrungsbericht zum Mitmachen

W0279176

© 2017 Heike Fischer

Autorin: Heike Fischer
Umschlaggestaltung, Illustration: Astrid Bowinkelmann

Verlag: Westfälische Reihe, Münster
ISBN: Paperback 978-3-95627-644-6
Hardcover 978-3-95627-645-3
e-Book 978-3-95627-646-0
Printed in Germany

Das Werk, einschließlich seiner Teile, ist urheberrechtlich geschützt. Jede Verwertung ist ohne Zustimmung des Verlages und des Autors unzulässig. Dies gilt insbesondere für die elektronische oder sonstige Vervielfältigung, Übersetzung, Verbreitung und öffentliche Zugänglichmachung.

Bibliografische Information der Deutschen Nationalbibliothek:
Die Deutsche Nationalbibliothek verzeichnet diese Publikation in der Deutschen Nationalbibliografie; detaillierte bibliografische Daten sind im Internet über http://dnb.d-nb.de abrufbar.

Worum es in diesem Buch geht:

Dieses Buch handelt von meinen Prozessen – und wie sie zu meiner Heilung führten. Welche Übungen ich gebraucht habe, um aus meiner Trauer, meiner Wut, meiner Verzweiflung herauszukommen, um mehr Freude, Selbstbewusstsein, Liebe, Leichtigkeit, Wohlstand und Fülle in mein Leben zu bringen. Es erzählt, wie ich von einem gestressten Leben ins Gleichgewicht gekommen bin, statt vor mir davonzulaufen.

In meinen Heilungsprozessen habe ich meine inneren Stimmen, wie zum Beispiel die Kritikerin, die Antreiberin, die Perfektionistin, das Innere Kind und viele mehr, lebendig werden lassen, indem ich meine inneren Dialoge beschrieben und aufgeschrieben habe. Während des Schreibens taten sich neue Prozesse auf, die ebenfalls eine Chance auf Heilung boten.

Manche Gefühle erscheinen uns Menschen so schmerzhaft, dass wir den Gedanken haben: „Wenn ich das fühle, muss ich sterben." Was natürlich Unsinn ist. An einem Gefühl ist noch keiner gestorben.

Indem ich die Stimmen in meiner Vorstellung unter anderem in einen Bus einlade, möchte ich Ihnen diese inneren Stimmen, die in uns allen sind, humorvoll näher bringen. Mit gezielten Übungen gehen wir gemeinsam durch den Dschungel der Gefühlswelt.

Habe ich Sie neugierig gemacht? Prima, das ist genau mein Ziel!

Wenn es mein Leben verändert hat, kann es auch Ihres verändern. Denn: Es gibt nur einen Menschen in Ihrem Leben, der Ihr Leben verändern kann: Sie!

Was brauchen Sie, um Ihr Leben zu verändern?

Sie brauchen die Bereitschaft!

Erfüllen Sie sich Ihren Herzenswunsch: Machen Sie sich glücklich!

Sind Sie bereit, sich zu verändern?

Wunderbar, dann nehme ich Sie mit auf eine Reise zu sich selbst.

Inhaltsverzeichnis

Mein Team in diesem Buch:

Meine Kritikerin: „Heike will sich mitteilen. Na, was da wohl wieder kommt ..."

Mein Antreiber: „Los, komm schon, beeilen wir uns!"

Mein Inneres Kind: „Ich will auch mit! Wartet auf mich!"

Meine Perfektionistin: „Da will ich mal sehr gut zuhören!"

und natürlich: ich

Vorwort

Ich möchte Sie mit diesem Buch ermutigen, Ihren eigenen Gefühls-Weg zu gehen, auch wenn es mal holprig wird. Ihren Gefühls-Weg können nur **Sie** gehen. Am Ende des Lebens, wenn Sie vor Gott stehen und dieser fragt: „Liebes Menschenkind, hast du gelebt? Hast du dein Leben genossen? Hast du all das mitgenommen, was ich dir mit meiner Hand gereicht habe?“, können Sie entweder sagen: „Ja, ich habe mein Leben aus vollem Herzen genossen und viel Freude und Liebe erfahren.“ Oder Sie können sagen: „Ach weißt du, Gott, mein Leben bestand nur aus Arbeit. Ich hatte gar keine Zeit, Freude zu empfinden oder aus ganzem Herzen zu lachen. Denn mir war gar nicht zum Lachen zumute. Meinen Ärger, meine Angst und Traurigkeit musste ich auch immer runterschlucken, damit ich dann auch 150-prozentig arbeiten konnte.“

Dieses Buch erzählt von mir und wie gut ich funktionierte in einem Leben ohne Gefühle wie Angst, Trauer, Schuld oder Wut. Funktionierte in dem Sinne, dass ich zu 87 Prozent aus „Ich muss arbeiten und Geld verdienen“ bestand. Meine übrige Zeit verteilte sich auf meine Tochter mit fünf Prozent, meinen Freund mit fünf Prozent, meine Freundinnen mit zwei Prozent. Für mich blieb ein sattes Prozent, das ich mit Haushalt, Einkaufen und Sauna füllte. Für Gefühle hatte ich keine Zeit! Und weil ich keine Zeit für mich und meine Gefühle hatte, zeigten sich Symptome in meinem Körper. Meine Muskulatur war hart. Meine Beweglichkeit im Nacken war eingeschränkt. Mein Rücken schmerzte ohne Ende. Blockaden an der Wirbelsäule begleiteten mich. Meine Schilddrüse schlug Alarm – Unterfunktion. Mein Verdauungstrakt war „out of order“. Da tat sich so gut wie nix. Ich war verstopft! Verstopft mit nicht gefühlten Gefühlen.

Meine Schwester ist Heilpraktikerin, und im Juni 2013 lag ich in ihrer Praxis auf der Massageliege. Sie folgte ihrer Intuition und führte mich mit einer Fantasiereise in einen Wald zu einem Haus.

In meiner Vorstellung schloss ich die Haustür auf und traf auf Menschen, die umher hopsten und -sprangen und mich freudig begrüßten. Bevor ich mich um die Menschen kümmern konnte, musste ich jedoch in den Keller gehen. Auf einer Liege lag ich als fünfjähriges Mädchen und wimmerte vor mich hin: „Ich werde versagen! Ich werde scheitern!" Ich ging näher zu diesem Kind, öffnete mein Herz ganz weit und umschloss es mit all meiner Liebe ... und es passierte Unglaubliches! Der ängstliche Kind-Teil löste sich auf! Von der Kopf-Angst zack! ins Herz, in die Liebe. Einfach so! Schwups! Leichtigkeit durchströmte mich. Wow!

Danach ging ich ins Wohnzimmer. Die Menschen saßen mittlerweile auf der Erde. Ich setzte mich in einen Lesesessel und nahm das Buch, das dort lag. „Mein Leben", stand auf dem blauen Buch mit goldener Schrift. Ich schlug es auf, und ganz tief aus meinem Bauch kam ein Gefühl, das bisher ohne Worte geblieben war. Ich hörte mich zu meiner Schwester sagen: „Ich soll meine Erfahrungen aufschreiben." Ich habe mich so erschreckt!

Dabei lag dieses Buch seit Jahren in einer Schublade und war schon zur Hälfte fertig. Die Angst zu scheitern war zu groß.

Wie Sie sehen, habe ich meine Komfortzone verlassen und folge meiner Intuition, meinem Herzenswunsch, ein Buch zu schreiben. Deshalb war es wichtig, den Teil, der so viel Angst vor dem Versagen hatte, liebevoll zu mir zu nehmen.

Liebevoll fing ich auch an, Kontakt zu meinem Ärger, meiner Angst, meiner Traurigkeit und anderen nicht gefühlten Gefühlen aufzunehmen. Langsam, ganz langsam, Schritt für Schritt. Meine Erfahrung hat gezeigt: Je mehr ich mich diesen Gefühlen stellte, sie fühlte, desto mehr Freude, Selbstbewusstsein, Liebe, Leichtigkeit, Wohlstand und Fülle kam in mein Leben.

Es war, als würden die nicht gefühlten Gefühle aufpoppen, um gesehen zu werden, damit sie sich dann verabschieden konnten.

Ich habe gelernt, dass ein Gefühl da sein darf, dass es mich nicht umhaut, dass es gesehen und dann gefühlt werden möchte. Ich habe gelernt, meine Gefühle zu beobachten, meinen Atem dabei lang und tief werden zu lassen. Mir die Erlaubnis zu geben: Mein Gefühl, das gerade da ist, darf da sein.

Lesen Sie dieses Buch mit Offenheit für etwas Neues. Stellen Sie sich vor, Ihr Gehirn sei ein Werkzeugkoffer, der neu bestückt wird. Sie machen ihn auf und legen alle Werkzeuge hinein, die Sie brauchen, um glücklich zu sein.

Und dann leben Sie dieses Buch! Nehmen Sie sich Zeit für sich, Zeit, damit Sie sich verändern können. Schieben Sie kein Fensterputzen, den Partner oder die Partnerin, die Kinder, die Eltern, die Wäsche, die Arbeit oder Sonstiges vor. Tragen Sie sich Zeiten in Ihren Kalender ein. Ihre Zeiten!

Ziehen Sie sich für die Übungen zurück. Teilen Sie Ihrer Familie mit, dass Sie sie lieben und sich eine Auszeit gönnen, damit Sie auch weiterhin für sie da sein können. Hängen Sie ein Schild mit den Worten „Meine Zeit“ vor Ihren Rückzugsort.

Bevor Sie nun ins Lesen einsteigen, habe ich zwei Fragen an Sie:

Warum haben Sie sich dieses Buch gekauft?

Welches Ziel verfolgen Sie beim Lesen dieses Buches?

Auf der nächsten Seite haben Sie Gelegenheit, Ihr Ziel aufzuschreiben.

Lassen Sie dieses Buch zu Ihrem Wegbegleiter auf Ihrem Weg werden.

Mein Ziel:

Ich finde, heute ist ein guter Zeitpunkt, um mit der Verwirklichung Ihres Zieles anzufangen.

Warum Sie das tun sollten? Damit Sie sich in sich wohl fühlen. Ein Ankommen bei sich selbst. Vom Kopf zack! ins Herz. Geben Sie sich die Erlaubnis, glücklich zu sein.

Auf geht's!

Ich wünsche Ihnen viel Spaß beim Stöbern, Lesen und Umsetzen.

Dieses Buch ersetzt keine Therapie bei einer Ärztin oder Heilpraktikerin, keine Psychotherapeutin oder Medikamente. Die LeserInnen handeln selbstverantwortlich bei den Selbsthilfeübungen. Ich übernehme keine Haftung für Schäden egal welcher Art, die direkt oder indirekt aus der Anwendung der Angaben in diesem Buch entstehen sollten.

Da ich aus meiner Sicht geschrieben habe, habe ich in den meisten Fällen die weibliche Form verwendet. Gemeint sind natürlich alle, Männer und Frauen.

Einleitung

Meine Stimmen in meinem Kopf haben Namen. Da gibt es zum Beispiel meine Kritikerin, meinen Antreiber, meine Perfektionistin (mein langjähriges Dream-Team) sowie meine Inneren Kinder, zum Beispiel die Neugierige, die Verspielte, die Ängstliche, die Mutige, die Trotzige. Dann gibt es noch meinen Beschützer und meinen Kontrolleur, meine gute Mutter, meine schlechte Mutter, meine Intuition, meine Erschöpfung, meine Liebe, meine Faulenzerin – und viele andere Stimmen.

In meiner Vorstellung lade ich meine Stimmen in einen Bus ein. Vor Jahren saß mein Dream-Team am Steuer und ich in der letzten Reihe. Das war die Zeit, in der ich funktionierte und kaum etwas gefühlt habe.

Eine Geschichte aus meinem Leben:

Kennen Sie den Moment?

Der Wecker klingelt. Sechs Uhr. Der erste Gedanke: „Oh nein, viel zu früh!" Sie drehen sich noch mal um ... und noch mal ...

Stimme Nr. 1: *„Ach, es ist jedes Mal das Gleiche! Los! Du musst raus! Es ist schon fünf nach sechs!"*

Stimme Nr. 2: *„Lass mich in Ruhe, ich will schlafen!"*

Stimme Nr. 1: *„Raus aus den Federn! Sonst wird der Tag nur stressig werden!"*

Nein, es ist nicht meine Mama, die versucht, mich zu wecken. Es ist Stimme Nr. 1, der Antreiber, der mich aus dem Bett scheucht. Die 2. Stimme, die Erschöpfte, will nur schlafen. Doch der Antreiber versteht sich gut auf seinem Gebiet. Er ist ja auch schon mindestens fünfzig Jahre bei mir.

Und er gewinnt! Ich stehe auf, gehe ins Bad, schaue in den Spiegel.

Meine Kritikerin ist hellwach: *„Diese Haare! Egal ob sie länger oder kürzer sind: Sie stehen immer zu Berge! Boah, und Wassereinlagerungen hattest du auch heute Nacht! Die Augen sind total geschwollen! Obwohl du doch Faltencreme nimmst ... Wird auch immer mehr! Und schau mal hier ... "*

Ich: „ Ach, ich geh' erst mal in die Küche und trinke ein Glas Wasser."

Kritikerin: *„Und denk ja an die homöopathischen Tropfen! Die vergisst du auch andauernd."*

Antreiber: *„Ach, Heike, das ist doch nicht so schwer. Los, mach hinne! Wasser kochen. Medikamente ins Glas, Wasser drauf, schlucken!"*

Erschöpfte: *„Das ist mir jetzt alles viel zu viel. Ich will wieder ins Bett."*

Antreiber: *„Nix da! Jetzt ziehst du gleich deine Jogging-Sachen an und dann geht's los."*

Kritikerin: *„Ja, genau. Du willst doch abnehmen! Von nix kommt nix. Schau dir mal deinen Bauch an. Also los! Da hat der Kollege Antreiber schon recht ..."*

Erschöpfte: *„Ich will doch nur meine Ruhe haben ... "*

Antreiber: *„Ach, die Erschöpfte! Die lassen wir jetzt mal außen vor."*

Erschöpfte: *„Heike, kannst du mich denn nicht hören?"*

Nein, Heike kann die Erschöpfung nicht wahrnehmen. Sie zieht ihre Jogging-Sachen an und läuft los. Nach dem Joggen ist sie stolz auf sich: „Juhu, ich war ganz früh morgens joggen!"

Antreiber: *„Na, siehst du, ich will doch nur das Beste für dich. Jetzt machst du noch ein paar gymnastische Übungen für Bauch, Beine, Po, und dann schauen wir mal weiter."*

Erschöpfte: *„Wie wäre es denn mit Autogenem Training oder Progressiver Muskelentspannung? Vielleicht meditieren?"*

Antreiber: „Ach ja, das muss sie ja auch noch machen. War ja so vorgeschrieben in der Ausbildung. Wann plane ich das denn ein? Also gut: Bauch, Beine, Po, dann duschen. Frühstücken. Ach nee, frühstücken schaffen wir nicht mehr. Das wird später gemacht. Nach dem Duschen Autogenes Training, dann ab zur Arbeit, dann ..."

Perfektionistin: „Und bitte alles 120-prozentig! Darunter läuft ja wohl gar nichts. Wenn du schon nicht die Zeit hast, dann mach es schnell, aber gründlich!"

Sie können sich sicher vorstellen, wie der Tag von Heike F. aus MS. verläuft.

22:30 Uhr.

Antreiber: *„Ja, das war doch mal ein guter Tag! Voll geplant, durchstrukturiert."*

Kritikerin: *„Das war ja wohl nix! Du hast gar nicht alles geschafft! Du wolltest noch die Fenster putzen. Ach, du bist so langsam! Der Tag hatte doch schon 15 ½ Stunden. Reicht das denn nicht? Ja, und 120 Prozent, das hat ja auch nicht geklappt. Das muss besser werden!"*

Perfektionistin: *„Ich hab' mein Bestes gegeben. Ihr müsst mir mehr Raum lassen, damit ich bei Heike noch mehr bewirken kann."*

Antreiber: *„Mal sehen, wie ich das noch einbauen kann. Ach, ich finde, wir sind ein tolles Team. Schlaft gut."*

Kritikerin: *„Ja, ja, jetzt haste keine Lust mehr zu reden!“*

Perfektionistin: *„Jetzt schlafen wir erst mal perfekt ein und auch durch, damit die Heike morgen wieder volle Leistung bringen kann.“*

Erschöpfte: *„Ich bin viel zu erschöpft, um einzuschlafen.“*

Kennen Sie den Moment?

Der Wecker klingelt. Sechs Uhr. Der erste Gedanke: „Oh nein, viel zu früh!“ Sie drehen sich noch mal um ... und noch mal ... Antreiber: *„Ach, es ist jedes Mal ...“*

Stimmen in meinem Kopf. 60.000 Gedanken täglich. Können Sie mir sagen, was Sie heute Morgen um 10:03 Uhr gedacht haben? Und welche Stimme in Ihnen gesprochen hat?

Es hat lange gedauert, bis ich verstand, dass ich, Heike, die Chefin bin und den Bus fahre und dass ich diese Stimmen liebevoll annehmen darf. Und je mehr ich mich mit diesen Stimmen in mir auseinandersetzte, desto mehr Vertrauen machte sich in mir breit. Ich verlor die Angst vor meinen eigenen Gefühlen. Ich lernte mich kennen und lieben. Je mehr Anteile (Stimmen) ich zu mir nahm, desto schöner und witziger wurde mein Leben. Manchmal sind meine Bilder im Kopf besser als jeder Film im Fernsehen.

Ich stelle mir vor, dass ich in meinen Bus einsteigen und mich mitteilen möchte.

Ich habe erst einen Fuß in den Bus gesetzt, da höre ich schon eine vertraute Stimme.

Kritikerin: *„Na, was ist denn jetzt schon wieder los?"*

Ich betrete den Bus.

Ich: „Hallo, alle zusammen. Schön, dass ihr so zahlreich erschienen seid."

Sie schauen mich alle erwartungsvoll an.

Ich: „Ich möchte mich mitteilen."

Meine Kritikerin rollt schon mit den Augen.

Ich: „Ich werde ein Buch schreiben. Ein Buch über meine Erfahrungen. Mit diesem Buch möchte ich den Menschen die Angst vor dem Fühlen nehmen. Ihnen zeigen, wie man vom Kopf ins Herz kommt."

Manchmal erwarte ich dann ja Stille. In meinem Bus jedoch ist die Hölle los! Alles redet durcheinander. Wimmern ist zu hören. Einer brüllt. Getuschel.

Meine Kritikerin übernimmt als Erste das Wort: *„Heike, hast du dir das auch genau überlegt? Du bist manchmal zu schnell mit deinen Entscheidungen! Wer will das denn lesen? Geht das denn gut? Die zerreißen dich doch in der Luft!"*

Antreiber: *„Was für eine tolle Idee! Lass uns sofort loslegen!! Schau gleich nach, was wir brauchen, um ein Buch zu schreiben. Du kannst auch Martin kontaktieren, der hat doch schon Bücher geschrieben. Setz dich gleich hin und fang an zu schreiben!"*

Perfektionistin: *„Das wird toll! Ich steh' ganz oben auf deiner Liste! Ich mach' das für dich. Das schaff' ich doch mit links. Sogar 120-prozentig!"*

Inneres Kind: *„Ich hab' Angst! Ich werde versagen!"*

Erschöpfte: *„Ach, lass mal. Ich bin so müde!"*

Neugierige: *„Wie spannend! Was uns da wohl erwartet?"*

Kritikerin: *„Was soll uns da schon erwarten? Ein Flop wird das werden."*

Und wenn ich diese Gespräche, die ja in mir stattfinden, so weiterlaufen lassen würde, ginge das den lieben langen Tag so.

Ich: „Leute, Leute, ich wollte mich mitteilen. Wisst Ihr noch? Mitteilen heißt, einer erzählt, und die anderen hören zu."

Kritikerin: *„Ich teile mich ständig mit, und du hörst mir keineswegs zu."*

Ich: „I C H habe jetzt das Wort. Denn ich sitze am Lenkrad und steuere den Bus. Ist das klar?"

Einvernehmliches Nicken ist zu sehen.

Ich: „Ich danke euch allen für eure Kommentare. Ich weiß es zu schätzen, dass ihr euch Sorgen um mich macht. Ich weiß, ihr wollt nur das Beste für mich. Dafür danke ich euch. Dieses Buch wird ein Buch mit eurer Hilfe." Aufatmen ist im Bus wahrzunehmen. „Und erinnert euch daran: Ich fahre und lenke diesen Bus. Ich bin der Chef."

Kritikerin: *„Naja, lass sie mal anfangen."*

Antreiber: *„Ja, du. Lass sie doch mal starten und halt dich zurück!"*

Perfektionistin: *„Ruhe jetzt! Ich hab' alles im Griff."*

Und jetzt bin ich diejenige, die mit den Augen rollt, und ich schicke meinen Stimmen einen liebevollen Gedanken. Weiß ich doch mittlerweile, dass sie es gut mit mir meinen.

Voice Dialogue – Stimmen in meinem Kopf? Wo kommen die denn her?

Als ich mit der Voice-Dialogue-Methode (Dialog der Stimmen) anfing, dachte ich, ich werde verrückt. Stimmen, die schon immer in meinem Kopf waren, bekamen Namen wie Kontrolleur, Antreiber, Kritikerin, Perfektionistin, Beschützer, Inneres Kind (in all seinen Phasen: trotzig, wütend, kuschelig, ängstlich, mutig usw.), Richter, die gute Mutter, die böse Mutter, Aphrodite, Faulenzerin, die Prinzipienreiterin. Da gibt es Frau Schlaumeier, genannt die Korinthenkackerin, die Rücksicht, das Helfersyndrom oder Helferlein, die Einzelgängerin, die Freiheit in mir, das jubelnde Herz, die Feministin, den Macho, die Liebe, den Hass, die Vergebung – und so viele mehr.

Die Voice-Dialogue-Methode ist ein Modell, das mir geholfen hat, mehr zu mir zu kommen. Im Jahr 2001 lernte ich meine Stimmen während meiner Ausbildung „Ganzheitliche Integrative Atemtherapie“ (www.institut-atemtherapie.de) kennen. Ich lernte, mit welchem Teil ich gerade identifiziert bin. Identifiziert heißt: Dieser Teil regiert mich, hat das Sagen in mir, ist in mir an der Macht. Ich lernte die eine Stimme von der anderen zu unterscheiden; sie mir bewusst zu machen. Ich lernte, dass ich nicht diese Stimmen bin, sondern wie ich – Heike – Chefin meines Körpers und meiner Gedanken sein kann. Ich lernte, mich anzunehmen, wie ich bin (und das ist auch heute noch ein fortlaufender Prozess).

Als ich anfing, mir meine Stimmen bewusst zu machen, wurde es allmählich friedlicher in mir. Ich entwickelte mehr und mehr Verständnis für mich und die Gründe, aus denen ich so bin, wie ich bin. Mein Hüllen-Dasein veränderte sich zu einem Dasein mit viel Gefühl. Ich vertraute mir und dem Leben immer mehr. Die Stimmen und ich wurden ein Team.

Unter anderem möchte ich Ihnen dieses Kennenlernen der inneren Stimmen in diesem Buch näher bringen. Denn das Ziel der Stimmen ist, uns zu beschützen, wenn unsere Erfahrungen zu schmerzhaft werden. Sie entstehen in der Kindheit und übernehmen das Ruder, damit wir nicht noch weitere schmerzhafte Erfahrungen machen. Bei einem Gefühl von „Ich fühle mich wertlos“ kommt ein Beschützer-Teil auf den Plan: „Ich werde dich vor schmerzhaften Gefühlen beschützen und ziehe eine große und hohe Mauer um dich herum.“ Dieser Beschützer geht seiner Arbeit nach. Er beschützt. Dieser Teil bekommt nicht mit, dass dieses Kind dadurch einsam wird und sich zurückzieht. Er erledigt seine Aufgabe. Er bekommt dafür normalerweise jedoch kein Lob, keine Anerkennung. So strengt er sich mächtig an, damit er gesehen wird, und bekommt unbewusst viel Macht. Bleibt er unbewusst, fährt er immer größere und höhere Mauern auf.

Die Kritikerin, der Antreiber und die Perfektionistin kommen in unser Leben, wenn wir Fehler machen. Auch sie machen ihre Arbeit sehr gut. In unserer Kindheit lernen wir täglich, stündlich, ja sogar sekündlich, und natürlich passieren Fehler. Wir lernen zwar auch Sätze wie „Übung macht den Meister“ oder „Es ist noch kein Meister vom Himmel gefallen“. Doch diese Sätze passen nicht zu unserem unangenehmen Gefühl, wenn wir bei einem Fehler ertappt oder gar gehänselt werden. Wir hörten dann auch: „Das kannst du doch besser. Streng dich mal an!“ So strengten wir uns mit Hilfe unserer Kritikerin, unseres Antreibers und seiner Kumpelin, der Perfektionistin, mächtig an. Denn: **Wir wollten gut sein und uns gut fühlen. Wir wollten geliebt wer-**

den. Wir wollten, dass Mama, Papa und die ganze Welt stolz auf uns sind.

So entstehen mit unseren Erfahrungen noch viele andere Teile in uns. Diese Teile bleiben jedoch in der Kindheit stecken. Sie entwickeln sich nicht mit, sie handeln immer noch „kindgerecht", merken nicht, dass wir erwachsen geworden sind, und lassen uns somit keine neuen Erfahrungen machen, mit denen wir unser Verhalten verändern könnten. Machen wir uns diese Stimmen bewusst und gehen in Kontakt mit ihnen, sehen sie, danken ihnen, werden selbst zur Busfahrerin, dann können wir viele Krankheiten in uns verhindern. Ein Antreiber, der mit der Perfektionistin und der Inneren Kritikerin eng zusammenarbeitet, kann uns in einen Burnout treiben. Ein Innerer Richter und ein trauriges, wütendes Kind können uns in eine Depression bringen. Eine Innere Kritikerin und ein überfordertes Inneres Kind können uns in eine Hartherzigkeit bringen. Dies sind nur Beispiele. Die Zusammensetzung kann auch völlig anders sein.

Kritikerin: *„Also, ich glaube, ich komme bei dem Buch nicht so gut weg. Kann das wohl sein?"*

Etwas beleidigt, der Antreiber: *„Ich wollte nur das Beste für dich, Heike."*

Perfektionistin: *„Hab' ich nicht genug gemacht? Sollte ich noch mehr machen?"*

Ich: „Ihr seid wirklich mein Dream-Team! Wo wäre ich denn ohne euch? Ich bin doch so froh, dass ich euch habe. Und dass ich endlich Kontakt zu euch habe. Die Zeit, als ich mir nicht bewusst war, dass es euch gibt, war ganz schrecklich. Arbeiten, arbeiten, arbeiten. Immer perfekt sein. Oft unzufrieden, ohne zu wissen, warum."

(Die Kritikerin lächelt wissend in sich hinein.)

Ich: „Jetzt kann ich, im Kontakt mit euch, selbst über mich bestimmen. Welch ein Zugewinn! Ich kann entscheiden, ob ich nur arbeiten will oder ob ich Pausen einlege, mit der Gewissheit, dass ich auch mit Pausen eine tolle Frau bin und gute Arbeit leiste. Ich bin froh, dass ich euch so klar in mir hören kann!"

Und nun erzähle ich Ihnen, wie alles begann.

Im Juli 1996 starb mein Papa. Drei Monate später lernte ich meinen damaligen Mann kennen, und er hatte so viel von meinem Papa. Er war groß, dünn, hatte die Haarpracht und diese wunderschönen blauen Augen – wie mein Papa. Und er machte mich neugierig. Er sprach von Gott und esoterischem Schnickschnack. Ich verliebte mich Hals über Kopf in ihn. Drei Monate später war ich schwanger. Damit er nicht auch aus meinem Leben verschwand wie mein Papa (nicht dass er auch gestorben ist – ich bin froh, dass er lebt!), machte ich ihm auf Mallorca einen Heiratsantrag. Wir hatten eine tolle Hochzeit, und unsere Tochter erblickte 1997 das Licht der Welt. Welch ein Glück, dieses Kind! Ich stürzte mich mit all meiner Liebe auf dieses Kind.

Zwei Jahre später schlich sich eine Beobachtung meinerseits ein, die sich wie ein roter Faden durch mein Leben zog: In der Beziehung ging das Gefühl zu meinem Partner verloren.

Das durfte doch nicht wahr sein! Nicht schon wieder das Gleiche!

Diesmal hatte ich jedoch einen Partner gefunden, der bereit war, mit mir daran zu arbeiten, und so erfuhren wir von der „Ganzheitlichen Integrativen Atemtherapie" und meldeten uns gemeinsam zur Ausbildung an. Dort lernte ich dann meine Stimmen kennen ...

Kritikerin: *„Na, das wird jetzt aber auch mal Zeit, dass ich dran komme!"*

Ich: „Wir starten mit dem Inneren Kind – dem Schlüssel zu meiner Gefühlswelt."

Kritikerin: *„Ich hab' viel mehr zu sagen!"*

Ich: „Das glaube ich dir gerne!"

Hallo ist da jemand
der mich hören kann?

Das Innere Kind – der Schlüssel zu mir und meiner reichen Gefühlswelt

Ich: „Komm, setz' dich zu mir!"

Kleine Heike: *„Geht es jetzt los?"*

Ich: „Ja, jetzt geht es los. Freust du dich schon?"

Kleine Heike: *„Hm. Ich hab' Angst. Ich kann gar kein Buch schreiben. Dazu bin ich noch viel zu klein. Was soll ich denn hier machen?"*

Ich: „Du brauchst gar kein Buch zu schreiben, mein Schatz, du darfst hier auf meinem Schoß sitzen und zugucken, wie ich das Buch schreibe."

Kleine Heike: *„Und wenn es mir zu langweilig wird, kann ich dann spielen gehen?"*

Ich: „Na klar, kannst du dann spielen gehen."

Die Kleine entspannt sich. Ich bin berührt.

Rund um meine Geburt: Was man als Kind so alles wahrnimmt oder für bare Münze hält

Meine Schwester war 5 ½ Jahre alt, als ich zur Welt kam. Ich war ein absolutes Wunschkind. Meine Eltern hatten mich sehnlichst erwartet. Nach insgesamt drei Fehlgeburten erblickte ich im Jahr 1964 das Licht der Welt.

Ich tu' mal so, als ob ich wüsste, wie es damals rund um meine Geburt war:

Im Bauch war es so schön kuschelig warm, gemütlich, dass ich noch gar keine Lust hatte, auf die Welt zu kommen. Außerdem hatte ich meine Mama ganz für mich alleine. Herrlich!

Meine Mama hatte wahnsinnige Angst vor meiner Geburt. Die Geburt meiner Schwester war eine schwierige Geburt und sehr anstrengend für sie gewesen. Da ich direkt mit meiner Mama verbunden, quasi ein Teil von ihr war, übertrugen sich ihre Ängste auf mich. Doch ich war eine Kämpfernatur und sagte mir: „Das wird schon gutgehen!" Heute weiß ich, dass ich die Geburt als schrecklich empfunden habe. Die Kälte, als ich aus dem Bauch kam, war ein Schock für mich. Die kalten Geräte, das grelle Licht, und das Schlimmste: Der Arzt nahm mich von meiner Mama weg. Das ist doch zum Schreien! Ich fühlte mich keineswegs willkommen. Die Wahrnehmung, dass die Sehnsucht meiner Mama nach einem weiteren Kind doch kleiner war, als ich wahrgenommen hatte, schlich sich ein. Und wo war denn mein Papa? Interessierte er sich überhaupt für mich? Ich fühlte mich ungeliebt, einsam. Dann endlich lag ich bei meiner Mama im Arm. Herrlich! Ihr Duft, ihre Wärme, endlich wieder ihre Stimme hören. Ja, jetzt fühlte ich mich geborgen. Hier war ich zuhause. Meinen Papa erlebte ich am

Rande. Meine Mama und ich waren eine Einheit. Der nächste Schock für mich kam auch bald. Damals war es verpönt zu stillen. Die Brüste meiner Mama wurden abgebunden, und ich bekam die Flasche. Ich könnte jetzt noch weinen, wenn ich daran denke. Ich lag in den Armen meiner Mama und roch die süße Milch, die für mich unerreichbar war. Ich spürte, wie schlecht sich meine Mama fühlte, denn sie hätte mich gerne gestillt. Am liebsten hätte ich ihr geholfen, aber wie? In der damaligen Wahrnehmung schob ich alles auf mich, wie es Kinder nun einmal machen. In meiner Wahrnehmung dachte ich: „Was ist denn los mit mir? Ich muss ein schlechter Mensch sein, dass meine Mama mir keine Milch gibt. So, wie ich bin, bin ich keineswegs o.k."

Was hat das mit dem Thema „Inneres Kind" zu tun?

Stellen Sie sich vor, dass ein Baby **alles** wahrnimmt. Stimmungen, Gefühle, Energien, einfach alles, was um das Baby herum passiert. Aus diesen Wahrnehmungen heraus entstehen unsere Glaubenssätze und Affirmationen. **Glaubenssätze sind Sätze, die wir uns täglich sagen – und wie der Begriff verdeutlicht: Wir glauben an diese Sätze.** Tja, ich höre Sie schon sagen: „So ein Unsinn! Ein Baby kann sich doch keine Glaubenssätze machen." Ich gebe Ihnen Recht. Vielmehr werden unsere frühen Wahrnehmungen im Unterbewusstsein gespeichert, und viel später machen wir uns unseren Glaubenssatz dazu, der in der Regel auch unbewusst wirkt. Spätestens seit Sigmund Freud geht die moderne Psychologie, was das Verhältnis von Bewusstem zu Unterbewusstem betrifft, von der Faustformel 20 zu 80 aus. Wir handeln also überwiegend aus unserem Unterbewusstsein heraus.

Das Eisberg-Modell macht es deutlich:

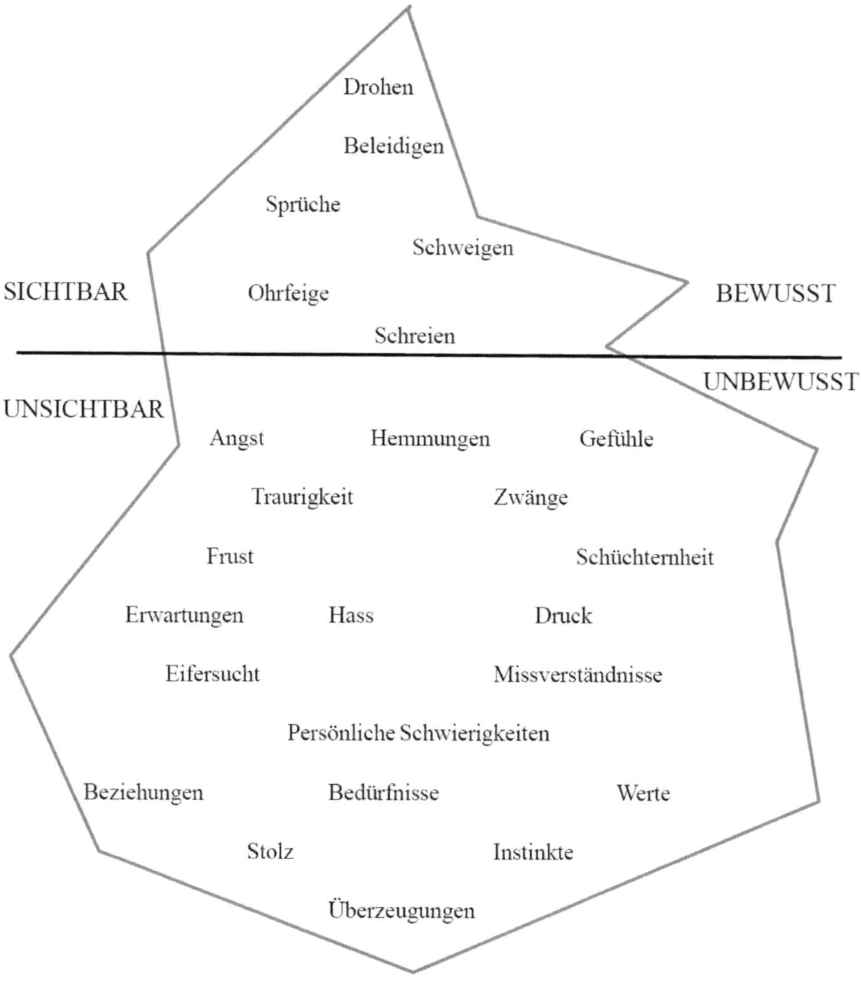

(Abbildung zeigt das Eisbergmodell, gezeichnet von Sebastian Lange)

Nehmen wir einen Konflikt: Ein Konflikt ist vergleichbar mit einem Eisberg.

Der größere Teil ist unsichtbar. Wir sind uns dessen nicht bewusst, handeln jedoch häufig aus unserem Unbewussten heraus. Nur der kleinere Teil ist an der Oberfläche sichtbar und im Bewusstsein der Beteiligten. Deshalb ist Konfliktlösung häufig so schwierig.

Je mehr unsichtbare Zusammenhänge ans Licht kommen, desto besser verstehen wir den Konflikt, uns selbst und die andere Person. Desto leichter fällt uns eine Lösung ein.

Ein Beispiel für einen Glaubenssatz, eine Wahrnehmung und eine Handlung:

Sie haben drei Kinder. Alle wollen gleichzeitig mit Ihnen kuscheln. Das erste Kind kommt und setzt sich auf Ihr linkes Bein. Das zweite kommt und setzt sich auf Ihr rechtes Bein. Und was macht das dritte Kind? Genau, es sieht, dass alle Beine von Mama oder Papa besetzt sind. Was würden Sie als drittes Kind in dieser Situation tun? Was würden Sie in dem Moment fühlen und denken?

Wir waren zu dritt, und ich habe gedacht: „Alles besetzt. Ich ziehe mich zurück."

Folgendes ist passiert: Ich habe etwas gesehen und wahrgenommen: „Ist alles besetzt." Es folgte mein Gedanke dazu: „Keiner will mich." Das dazugehörige Gefühl war: „Ich fühle mich ungeliebt". Es wird begleitet durch die darauffolgende Handlung: „Ich ziehe mich zurück."

Wahrheit und Wahrnehmung haben folgendes gemeinsam: die ersten vier Buchstaben beider Wörter. Die Wahrheit ist, ich bin mit Liebe aufgewachsen. Denn Eltern lieben ihre Kinder. Jedoch ist meine Wahrnehmung, dass mich keiner will, zu meiner Wahrheit geworden.

Während ich dies schreibe, kommen immer wieder alte Gefühle in mir hoch, die geheilt werden wollen und die ich Ihnen gerne mitteilen möchte.

Kleine Heike: *„Ach, ich kann das gar nicht mitlesen! Es macht mich so traurig, dass alles bei meiner Mama besetzt war."*

Beschützer: *„Ich beschütze dich!"*

Kleine Heike: *„Es erinnert mich daran, dass mir meine Mama so doll gefehlt hat."*

Beschützer: *„Ja, ich weiß. Ich beschütze dich!"*

Kleine Heike: *„Ich fühlte mich so alleine auf dieser Welt. Ich hatte so viel Angst."*

Beschützer: *„Ich beschütze dich vor dem Gefühl der Angst. Ich schiebe eine Mauer zwischen dich und deine Mama. Dann fühlst du die Angst nicht mehr."*

Ich sitze und schreibe und weine. Diese Mauer habe ich ein Leben lang zwischen meiner Mama und mir gefühlt. Schmerzhaft nehme ich wahr, dass ich diese Mauer zwischen uns gezogen habe. Und das ist jetzt siebenundvierzig Jahre her! Innerlich nehme ich meinen Beschützer in die Arme und sage ihm: „Ich danke dir für den Schutz, den du mir gegeben hast. Was hätte ich nur ohne dich getan! Doch jetzt bin ich groß und passe gut auf die Kleine Heike auf." Und in meinem innerlichen Bild fangen wir an, die Steine abzutragen, bis die Mauer verschwunden ist. Meine Mama steht hinter der Mauer und wartet sehnsüchtig auf mich. Die Kleine und die Große Heike rennen ihr entgegen, und sie schließt uns liebevoll in ihre Arme.

Machen Sie gerne eine Pause und spüren Sie nach, wie es Ihnen mit meiner Geschichte geht.

Gehen Sie noch einmal ein Stück zurück, legen Sie Ihre Aufmerksamkeit auf das dritte Kind und stellen Sie sich folgende Situation vor:

Jahre später. Zwei Kinder spielen zusammen auf dem Schulhof. Das besagte Kind geht hin und will mitspielen. Die Kinder wollen jedoch alleine weiterspielen. Dieses Kind erinnert sich unbewusst an die Situation mit den Eltern und den Geschwistern und wird denken: „Keiner will mich. Ich werde nicht geliebt." Es wird sich wieder zurückziehen. Es sind zwar verschiedene Situationen, es tauchen jedoch die gleichen Gefühle dazu auf. Unbewusst erinnern wir uns an die Situation mit Mama oder Papa und daran, wie sie schon „besetzt" waren. Genau wie die Kinder auf dem Schulhof. Sie spielten zusammen und waren somit „besetzt".

Solange dieses Muster unbewusst in Ihnen abläuft, kann es Ihnen passieren, dass Sie, wenn Sie in eine Gruppe hineinkommen und sich unwohl fühlen, allein dastehen und das Gefühl aufkommt: „Keiner will mich. Ich fühle mich ungeliebt und unerwünscht. Ich ziehe mich zurück." Jetzt werden Sie denken: „Wieso ziehe ich mich zurück? Die haben sich doch gegen mich entschieden!" Das ist dann so ähnlich wie bei folgendem Witz: „Durchsage für alle Autofahrer: Auf der A1 kommt Ihnen ein Falschfahrer entgegen. Bitte fahren Sie vorsichtig." Und der Falschfahrer denkt: „Wieso einer? Tausende!"

Und schon wird uns klar, dass jeder Mensch eine andere Wahrnehmung hat. Das ist auch der Grund, warum das Zusammenleben der Menschen manchmal schwierig und manchmal leicht ist. Und gerade deswegen möchte ich betonen: **Jeder hat seine eigene Wahrnehmung. Und jeder ist mit seiner Wahrnehmung richtig so, wie er ist.**

Jetzt fragen Sie sich bestimmt: „Ja, super, und wie komme ich aus diesem Verhalten heraus?“ Machen Sie sich Ihre Gefühle in den jeweiligen Situationen bewusst. Alles das, was unbewusst ist, bleibt unverändert. Unbewusst heißt, es ist verdrängt, vergraben, vergessen. Wenn Sie sich Ihre Gefühle bewusst gemacht haben und sich dann auch noch die Zeit nehmen, diese zu fühlen, dann sind Sie schon einen großen Schritt weiter. Ich betone „sich ganz bewusst die Zeit nehmen“, da ich weiß, dass das Fühlen im Alltag zu kurz kommt.

Ein Beispiel dazu: Eine Freundin ruft Sie an und erzählt Ihnen, dass der Nachbar, mit dem sie enger befreundet war, im Alter von vierzig Jahren verstorben ist. Ihre Freundin weint am anderen Ende der Leitung. Was würden Sie tun? Hinfahren? Am Telefon trösten? Abwimmeln, weil Ihr Kind schreit und das Essen auf dem Herd steht?

Früher hätte ich gesagt, dass es schrecklich ist, und ich hätte sie gefragt, was ich für sie tun kann. Und ich hätte funktioniert – erst einmal. Abends würde ich es jemandem erzählen: „Weißt du, was passiert ist?“ Erst wenn ich aus dem Modus „Funktionieren“ hinausgegangen wäre, hätte ich meine Trauer darüber fühlen können, dass es meiner Freundin sehr nahe ging. Und erst dann würde ich mit ihr um den Mann trauern können, der so früh sein Leben verloren hat.

In den meisten Situationen jedoch funktionieren wir und verdrängen unser Gefühl. Wir vergessen, dass wir verdrängt haben, und dann vergessen wir, dass wir vergessen haben. Da dieser Satz verwirrend sein kann, lesen Sie ihn gern noch einmal.

Trauer, Neid, Angst, Hass, Verzweiflung, Einsamkeit, Schuld, Wut – all diese Gefühle wollen wir am liebsten „weg haben“, also verdrängen, weil sie schmerzhaft sind. Halten wir diese Gefühle in unserem Körper fest, fügen wir unserem Körper Schmerz zu. Denn irgendwo will das Gefühl hin. Es sucht ein Ventil. Geben wir diesem Gefühl kein Ventil, kommt es immer wieder angeschlichen: „Hallo, ich bin es, die Trauer. Kannst du mich hören? O.k., wenn ich ungehört bleibe, schicke ich dir Kopfschmerzen und hämmere so lange in deinem Kopf, bis du krank wirst. Dann hast du Zeit, dich mit mir zu beschäftigen. Ich will doch nur da sein dürfen!“

Wie es das Wort schon sagt: **Ein Gefühl ist dazu da, gefühlt zu werden.** Punkt. Atmen Sie dabei tief ein und aus. Gar keine große Sache. Und wenn wir uns trauen, durch ein Gefühl hindurchzugehen, machen wir Platz für ein anderes, schönes Gefühl. Und Sie wollen sich doch gut fühlen, oder?

Die Angst davor, ein unschönes Gefühl zu fühlen, kann dagegen Jahre anhalten. Jahrelang Kopfschmerzen?

Und glauben Sie mir: Jedes Gefühl, jede Wahrnehmung wird in unserem Körper abgespeichert. Er ist wie ein PC. Er speichert etwas ab und kann es jederzeit wieder abrufen.

Nun werden Sie sich vielleicht fragen, wie Sie das verändern können?

Wie kann ich von meiner Festplatte etwas entfernen, damit es mir besser geht? Denn wenn es Ihnen gut ginge, würden Sie nichts verändern wollen. Logisch.

Doch Sie lesen dieses Buch, weil Sie auf dem Weg sind, Dinge zu verändern. Es kann sein, dass Sie mehr Zufriedenheit in sich fühlen wollen, das Sie glücklicher sein wollen, als Sie es jetzt schon sind, dass Sie mehr Fülle im Leben verspüren oder dass Sie sich geliebt fühlen wollen.

So ging es mir vor einiger Zeit, und ich entdeckte das „Innere Kind", das für mich ein wunderbares Geschenk ist.

Das Innere Kind – von Du-Botschaften, einem viel zu vollen Rucksack, Spiegelgesetzen und Gefühlen aus der Kindheit

Kleine Heike: *„Erzählt du jetzt von mir?“*

Ich: „Ja, das werde ich tun.“

Kleine Heike: *„Aber du darfst nur schöne Sachen erzählen, sonst schäme ich mich, und es ist mir peinlich.“*

Ich: „Das kann ich gut verstehen. Ich möchte den Menschen näher bringen, wie wichtig es ist, die ‚Kleinen‘ in sich zu entdecken, und würde gerne einige Beispiele von uns beiden in dieses Buch schreiben. Wärst du damit einverstanden?“

Kleine Heike: *„Das find’ ich toll, dass du mich fragst. Da fühl’ ich mich von dir gesehen.“*

Ich: „Ja, es betrifft dich ja auch. Hast du eine Idee, wie wir das machen können, ohne dass du dich schämst und ohne dass es dir peinlich wird?“

Kleine Heike: *„Hm, ich überleg’ mal eben.“*

Pause.

Kleine Heike: *„Du kannst ja die Situationen vorher mit mir besprechen.“*

Ich: „Das ist eine gute Idee. So machen wir das. Ich würde auch gerne vorher noch einiges zu negativen Botschaften schreiben – und was diese Botschaften mit uns machen. Ist das für dich in Ordnung?“

Kleine Heike: *„Meinst du mit negativen Botschaften Sachen, die ich nicht kann? Das sollst du nicht erzählen. Dann schäm’ ich mich doch.“*

Ich: „Ich meine mit negativen Botschaften Sätze, die wir von den Erwachsenen hören: dass wir dies und das nicht können. Die Wahrheit sieht meistens anders aus."

Kleine Heike: *„Tu das. Das ist ganz wichtig. Weißt du, was ich am meisten gehört habe?"*

Ich: „Was hast du am häufigsten gehört?"

Kleine Heike: *„‚Du musst dich anstrengen. Dann wird auch was aus dir.' Ich versteh' den Satz gar nicht! Was soll denn aus mir werden? Ich bin doch Heike! Auch wenn ich ihn nicht verstanden habe, habe ich gefühlt, dass Mama und Papa traurig waren, wenn ich in der Schule schlecht war."*

Ich: „Sie meinten, dass du dich anstrengen sollst, damit aus dir jemand wird, der einen guten Beruf hat, der dir Geld und Sicherheit bringt."

Kleine Heike: *„???"*

Ich: „Deine Eltern haben viel weiter gedacht als du. Das ist auch wichtig für Eltern. Was sie manchmal vergessen, ist, dass es dich als Kind noch nicht interessiert, was beruflich aus dir wird. Sie vergessen oft, dass Kinder noch viel spielen wollen."

Kleine Heike: *„Genau. Ich geh' jetzt spielen. Ich nehm' die Kerstin mit und spiel Frisör.*

Das, was Sie gerade gelesen haben, war ein innerer Dialog zwischen der Kleinen Heike und der Großen Heike. Die Kleine Heike ist meine Erinnerung an früher, an meine Kindheit. Auch wenn ich vieles verdrängt und somit vergessen habe, ist das, was ich erlebt und wahrgenommen habe, immer noch in mir. Durch Bilder, die ich vor meinen Augen sehe, durch Gedanken, die mir in den Kopf schießen, oder durch Gefühle nehme ich Kontakt zu der Kleinen Heike – oder den anderen Stimmen – in mir auf.

Nach jahrelanger Arbeit mit der Kleinen Heike weiß ich mittlerweile, was ein kindlicher Gedanke ist – oder ob es ein Gedanke der Großen Heike ist. Der kindliche Teil nimmt bei mir eine andere Stimme im Kopf ein.

Wenn Ihnen der Ausdruck Inneres Kind missfällt, ersetzten Sie ihn einfach durch Ihre „Kindheit“ oder „Erinnerung“.

Ich war entsetzt, als ich vor ein paar Wochen in einem Buch las: „Im Laufe der Kindheit hören wir 25.000 Tonbänder mit negativen Botschaften.“ 25.000 Tonbänder à 60 Minuten sind 1,5 Millionen Minuten!

Was sind negative Botschaften? Negative Botschaften, die unsere Eltern uns vermittelt haben, sind zum Beispiel: „Lass das mal, das ist zu schwer für dich! Du bist so faul, du taugst wenig, ich schäme mich für dich. Kannst du auch irgendetwas richtig machen, nur irgendetwas? Du bist zu dick. Du bist zu dünn.“ Und das täglich. Und weil wir das so gelernt haben, geben wir es an unsere Kinder weiter. Täglich.

Das Gute daran: Jetzt ist es Ihnen bewusst, und Sie können es verändern. Hätten Ihre Eltern damals – als Sie Kind waren – gewusst, dass sich diese negativen Du-Botschaften auf uns Menschen schädlich auswirken, hätten sie anders mit Ihnen geredet. Weil, und da bin ich mir ganz sicher, Ihre Eltern nur das Beste für Sie wollten. Genau wie Sie nur das Beste für Ihre Kinder wollen, sofern Sie welche haben.

Ganz deutlich möchte ich machen, dass es keineswegs darum geht, Ihren Eltern oder Ihnen einen Vorwurf zu machen. Dadurch würden Sie bei sich nur das Gefühl, ein Opfer zu sein, verstärken. Es geht mir darum, Ihnen bewusst zu machen, dass positive Botschaften unsere Kinder stärken und dass Sie Du-Botschaften in Ich-Botschaften verwandeln dürfen.

Ein Beispiel (Sie merken schon, ich liebe Beispiele): Ein Kind steigt auf dem Spielplatz auf ein Klettergerüst. Es ist sich keiner Gefahr bewusst und klettert sehr hoch. Was machen Sie als Mama oder Papa? Genau, Sie gehen hin; Sie sind verärgert, dass das Kind so hoch geklettert ist, und eilen zur Rettung herbei mit den Worten: „Das ist ja viel zu hoch für dich. Das Herunterklettern wird zu schwer für dich!" Und in Nullkommanichts sind Sie auf dem Klettergerüst, um Ihr Kind zu retten. Was lernt das Kind daraus? Es hat eine Erfahrung gemacht.

Ich möchte noch einmal anmerken, dass jedes Kind unterschiedlich ist und es viele Möglichkeiten gibt, wie es sich verhält. Und es geht nicht um richtig oder falsch. Mir geht es in meinen Beispielen darum, Ihnen den Zusammenhang zwischen Handeln, Glaubenssätzen und Gefühlen zu vermitteln.

Also: Das Kind hat eine Erfahrung gemacht und könnte diese Situation wie folgt wahrnehmen: „Mama/Papa ist verärgert, wenn ich etwas Neues ausprobiere. Sie sollen doch glücklich sein. Nächstes Mal bleibe ich lieber vor dem Klettergerüst stehen." Das läuft alles unbewusst ab, egal wie alt das Kind ist. Der Glaubenssatz könnte lauten: „Immer wenn ich etwas Neues ausprobiere, versage ich."

Und für Kinder gibt es nur ein „immer" oder ein „nie".

Oder das Kind denkt:

„Oh, jetzt habe ich Mama/Papa verärgert. Ich fühle mich schuldig, da sie sich über mich aufgeregt haben. Jetzt müssen sie meinetwegen auf das Klettergerüst steigen. Ich mache alles falsch."

Der Glaubenssatz: „Alles, was ich anfange, geht schief."

Ich könnte jetzt so weitermachen. Mir fallen noch einige Glaubenssätze ein.

Was hinter dem Ärger der Mutter oder des Vaters steckte, war Angst. Angst, dass dem Kind etwas passiert. In Gedanken und Bildern haben sie ihr Kind schon im Krankenhaus gesehen. Nächte und Tage hätten sie am Krankenbett verbracht. Sie hätten sich freinehmen müssen bei der Arbeit, das Geschwisterkind unterbringen müssen – Stress pur. Da ist es doch besser, sie drücken ihren Ärger aus und holen das Kind auf den eigenen Armen herunter.

Ist Ihnen schon aufgefallen, dass wir eher unseren Ärger ausdrücken, als unsere Angst zum Ausdruck zu bringen? Was hätte die Mutter oder der Vater anders machen können?

Es hätte etwas sein können wie zum Beispiel: „Mein Schatz, du bist ganz schön hoch geklettert. Ich habe Angst um dich. Ich komme hoch und zeige dir, wie du da runterklettern kannst."

Mittlerweile fragen Sie sich wahrscheinlich, was das alles mit dem Inneren Kind zu tun hat?

Alles!

Viele Glaubenssätze sind unbewusst, und doch leben wir danach. **Mein Früher bestimmt mein Jetzt.** Wir sind, was wir denken. Wenn ich zum Beispiel von mir denke, dass ich eine Versagerin bin, werde ich ständig in meinem Leben entsprechende Situationen schaffen, um mir dieses Gefühl zu beweisen. Im Beruf, in der Erziehung, in der Beziehung, im Sexualleben – überall.

Wie oft haben Sie sich den Satz „Hab ich doch gewusst, dass das schiefgeht!“ gesagt? Sie bestätigen sich Ihren Glaubenssatz. Wenn Sie daran glauben, dass etwas schiefgeht, wird es schiefgehen. Sie senden diese Energie aus.

Eine meiner Sitzungen.

Als ich mit dem Inneren Kind zu arbeiten begann, stellte sich folgender Dialog zwischen uns ein:

Ich: „Hallo, meine Kleine, wie geht es dir?“ (Das Kind isst die ganze Zeit.)

Kleine Heike: *„Ich bin traurig.“*

Ich: „Warum bist du traurig?“

Kleine Heike: *„Ich bin immer noch so allein. Ich langweile mich. Ich weiß nicht, was ich so machen soll. Das Alleinsein ist schrecklich.“*

Ich: „Das ist wahr. Das ist schrecklich. Ich verstehe es dennoch nicht ganz. Wir waren Fahrrad fahren, Eis essen, schlafen, malen. Warum hast Du dich einsam gefühlt?“

Kleine Heike: *„Weil du nicht wirklich bei mir bist.“*

Ich: „Was kann ich tun, um wirklich bei dir zu sein?“

Kleine Heike: *„Nimm mich wahr. Sieh’ mich! Hör’ mich! Ich bin da. Auch wenn du das noch verleugnest und mich nicht sehen kannst. Ich bin da!“*

Ich: „Ich weiß, dass du da bist, wir unterhalten uns ja gerade. Ich würde gerne verstehen, wie du das meinst.“

Kleine Heike: *„Du nimmst Kontakt auf – und dann doch nicht. Du tust Sachen – und tust sie nicht. Du willst mich nicht wahrnehmen. Mit mir fühlen. Das macht mich wütend. Ich sitze nämlich schon ziemlich lange hier und warte auf dich. Wie lange soll ich noch warten, kannst du mir das mal sagen? So ein Mist! Da erzähle ich dir von all meinen Sorgen, Ängsten, Wünschen, und du – machst nichts!“*

Ich: „Ich nehme mit dir Kontakt auf.“

Kleine Heike: *„Na, und was bringt mir der Kontakt? Nichts!“*

Ich: „Ich kann deine Angst und deine Wut verstehen. Ich bin auch häufig einsam, und mir geht es dann genauso. Ich fänd’ es wunderbar, wenn ich dich wahrnehmen könnte. Wir hätten viel Spaß miteinander und wären nicht mehr allein. Und ich bemühe mich. Und ich bitte dich, mir noch Zeit zu geben.“

Kleine Heike: *„Noch mehr Zeit? Du spinnst wohl! Soll ich hier verschimmeln?“*

Ich: „Nein. Doch ich weiß noch nicht so genau, wie ich dich wahrnehmen soll.“

Kleine Heike: *„Halt’ mich. Fühl’ mich. Weine mit mir. Lache mit mir. Lebe mit mir. So wie du es mit deiner Tochter auch machst! Du würdest alles für sie tun, ich wünschte, du würdest dich auch so für mich einsetzen.“*

Ich: „Ich liebe dich, mein Schatz. Ich weiß, dass du sehr stark bist, und ich habe immer noch Angst davor zu fühlen. Angst davor, was du mir noch aus meiner Kindheit erzählst.“

Kleine Heike: *„Wir haben das doch überlebt. Manches war wirklich scheußlich, und dennoch: Ich bin noch da, und du bist noch da.“*

Ich: „Ja."

Kleine Heike: *„Ich brauche dich."*

Ich: „Ja, ich weiß. Und ich werde jeden Tag mit dir Kontakt aufnehmen, ob durch Schreiben, Rollenspiele oder Briefe, und ich hoffe, dass ich dich so immer mehr wahrnehme."

Kleine Heike: *„Ich hoffe das auch. Ich will nicht mehr so viel essen. Mir ist schon ganz schlecht davon."*

Ich: „Dann hör' auf."

Kleine Heike: *„Ich gehe jetzt ins Bett. Schlaf gut."*

Ich: „Ich bin froh, dass ich dich wiedergefunden habe. Gute Nacht."

Ich hatte die Kleine Heike lange abgelehnt, weil ich Angst davor hatte, dass sie mir Erlebnisse erzählt, die ich keineswegs hören wollte. Mir ist bewusst geworden, dass sie ein Teil von mir ist. Ein Teil, der „weggehen" sollte. Ich hätte ihn am liebsten herausgeschnitten. Und für diesen Gedanken schämte ich mich. Ja, ich hasste mich dafür. Würde ich ein kleines Mädchen wegschicken, wenn es mir von seiner Traurigkeit und von seinem Schmerz erzählen würde? Nein. Ich würde es beschützend in den Armen halten, es wiegen und sagen: „Ich bin da für dich. Ich beschütze dich. Alles wird gut. Vertrau' mir." Und ich fühle die Dankbarkeit des Kindes, jemanden gefunden zu haben, bei dem es so sein kann, wie es ist. Ein verletztes Kind.

Es hat sich gelohnt, meinem Inneren Kind zuzuhören! Jetzt lachen, weinen und spielen wir miteinander, und das Leben ist viel lebendiger geworden. Leichter.

Was Sie gerade kennengelernt haben, ist ein Teil des Inneren Kindes. Es gibt das verletzte Kind, das neugierige Kind, das spielende Kind, das göttliche Kind, das traurige Kind und so weiter. Alles Teile von uns. Oder anders gesagt, alles Gefühle, die wir in der Kindheit verdrängt und in einen Rucksack gepackt haben, den wir immer noch mit uns herumtragen. Im Laufe des Lebens wird dieser Rucksack immer schwerer. Wir packen immer neue Sachen hinein und vergessen, dass wir auch etwas aus dem Rucksack herausnehmen sollten, damit dieser nicht platzt.

Kritikerin: *„Das Innere Kind! Das Innere Kind! Seiten über Seiten. Was ist denn mit mir? Wann komm ich denn dran?“*

Ich: „Später.“

Kritikerin: *„Später! Das dauert ja viel zu lange! Ich bin jetzt schon ganz ungeduldig. Wenn du alles so haarklein auseinandernimmst, wird das Buch ja nie fertig!“*

Ich: „Warum bist du denn so nörgelig?“

Kritikerin: *„Du liest und liest die Zeilen. Immer und immer wieder. Das bringt doch nix! Dann verbesserst du hier und da mal was. Ich denk', du willst fertig werden? So nicht, meine Liebe, so nicht!“*

Perfektionistin: *„Ich gebe mir so viel Mühe! Sie soll das ruhig öfters lesen und korrigieren. Meinst du, ich will, dass sie hinterher ausgelacht wird, weil ein Fehler in diesem Buch ist? Wie steh ich denn dann da!“*

Kritikerin: *„Ja, das sag' ich ja von Anfang an! Schnapsidee, das mit dem Buch.“*

Perfektionistin: *„Nee, nee, jetzt kann ich endlich mal zeigen, was in ihr steckt. Lass mich mal.“*

Kleine Heike: *„Wieso wollen die nicht, dass du von mir erzählst?“*

Zeit für ein Wort mit den beiden. Ich nehme sie an die Hand und setze mich mit ihnen an einen Tisch.

Ich: „Möchte jemand Kaffee?"

Kritikerin: *„Ja, aber nicht so heiß."*

Perfektionistin: „Bitte nicht zu stark!"

Ich: „Möchte jemand Kaffee?"

Beide: *„Ja, gerne."*

Kritikerin: *„Und der Kaffee ist doch zu heiß ..."*

Ein Lächeln umspielt meine Lippen.

Ich: „Wisst ihr, mir ist schon bewusst, dass sich ein Buch nicht einfach so schreibt. Ich bin dankbar für eure Unterstützung."

Die Perfektionistin fühlt sich gesehen und lächelt mich dankbar an. Die Kritikerin blickt mich erwartungsvoll an.

Ich: „Es ist schwierig für mich, dieses Buch zusätzlich zu meiner Arbeit zu schreiben. Es liegen Wochen zwischen den Schreibphasen, und dann brauche ich Zeit, um wieder in die Themen hineinzufinden."

Die Kritikerin setzt schon zum Gegenangriff an. Ich stoppe sie.

Ich: „Weißt du, meine liebe Kritikerin, wenn wir noch lange herumdiskutieren in einer Diskussion, die zu nichts führt, dauert es noch länger, bis ich von dir erzählen kann."

Kritikerin: *„Da hast du auch wieder Recht."*

Ich atme auf. Manchmal darf man die Kritikerin einfach stoppen.

Zurück zu unserem Rucksack. Um Ihnen das Rucksack-Prinzip klarer zu machen, folgendes Beispiel:

Es ist Muttertag. Meine Tochter hat bei ihrem Vater geschlafen, und er hat mich zum Mittagessen zu sich eingeladen.

Schon beim Eintreten in die Küche nehme ich eine kühle Stimmung wahr. Meine Tochter hört Kassette und begrüßt mich nebenbei. Ich unterhalte mich mit meinem ehemaligen Mann. Wir fangen an zu essen, und ich schalte den Kassettenrekorder aus. „Nur weil du da bist, kann ich die Kassette nicht zu Ende hören!“, giftet mich meine Tochter an. (Der Kassettenrekorder wird bei uns immer während des Essens ausgeschaltet, das war auch so, als wir noch zusammen gewohnt haben). Mein ehemaliger Mann gratuliert mir zum Muttertag und sagt, dass er den Ton nicht o.k. findet. „Ja, ja. Jetzt hältst du auch noch zu der!“, sagt meine Tochter. Sie sitzt da und ist sauer. Ich merke, dass ich enttäuscht bin. Ich bin eine Rivalin für sie, schießt es mir durch den Kopf. Sie hatte ihren Vater für sich allein, und dann komme ich und störe die beiden. Die Rollen sind total verdreht. Die Tränen kommen mir, und ich teile meiner Tochter meine Enttäuschung mit, dass sie mir gar nicht zum Muttertag gratuliert hat. Ich fühle mich total übersehen. „Hey“, denke ich, „das ist mein Tag heute. Was ist mit mir? Darf es sich auch einmal um mich drehen und nicht immer um meine Tochter? Jetzt steht sie auch noch heulend auf, und ich werde gleich zu ihr gehen und sie trösten. Wer tröstet mich? Mir ist auch zum Heulen zumute. Keiner beachtet mich. Die wollen mich gar nicht.“

Es ist die Kleine Heike, die das denkt. Es geht meiner Tochter genauso wie mir. Sie fühlt sich übersehen.

Meine Tochter lässt sich nicht von mir trösten. Auch darüber bin ich traurig. Ich merke, dass ich ein paar Minuten allein sein möchte, und gehe spazieren. Ich weine meine Trauer, meine Enttäuschung heraus und tröste meine Kleine Heike. Danach geht es besser.

Dann wird mir klar, dass meine Tochter traurig darüber ist, dass ihr Vater zwei Wochen beruflich unterwegs ist und sie nicht bei ihm sein kann.

Sie erinnern sich, dass ich bereits davon schrieb, dass eine Situation geschieht, ein Gefühl dazu kommt und ein Glaubenssatz dazu entsteht? Gefühl und Glaubenssatz können gleich sein, bei völlig unterschiedlichen Situationen. Das Kind bei Mama auf dem Schoß? Das Kind auf dem Schulhof und die Erwachsene, die in eine Gruppe geht? Erinnern Sie sich? All das kommt in einen Rucksack. Nicht verarbeitet, nicht gefühlt. Und jedes Mal, wenn in einer Situation ein bestimmtes Gefühl und der dazugehörige Glaubenssatz angepiekt wird, kommt es zu Stress. Wir erinnern uns. Unbewusst.

Ich möchte Ihnen den Zusammenhang zwischen den alten Gefühlen und den Gefühlen und Situationen von heute noch näherbringen. Dazu folgendes Beispiel:

Als klar wurde, dass mein ehemaliger Mann und ich uns trennen würden, wurde mir bewusst, dass ich mich um einen Job kümmern muss. Eine liebe Freundin hatte die Idee, unser Wohnzimmer zum Behandlungszimmer und Seminarraum umzufunktionieren. Eine tolle Idee! Ich war Feuer und Flamme. Außerdem wünschte ich mir noch jemanden, mit dem ich mir den Raum teilen könnte, damit die Mietkosten geringer werden. Ich war voller Energie. Und in den ersten Monaten verdiente ich gutes Geld. Ich kam mit dem Geld aus. Ich versuchte einen Fuß in einige Firmen zu bekommen, um mobile Massage anzubieten. Ich nahm Kontakt mit einer Heilpraktikerschule auf, um Dorn-Seminare zu geben. Ich nahm Kontakt mit Schulen auf, um Elternabende über die Kinesiologie anzubieten. Je mehr ich versuchte, desto mehr Ablehnung erfuhr ich. Ich strengte mich so an – und nichts half. Die Klienten wurden weniger. Ich bekam das Gefühl: „Die wollen mich gar nicht!“ Ein alter Gedanke schlich sich dazu: „Ihr könnt mich mal! Ihr werdet schon sehen, was ihr davon habt!“ Das Trotzkind war da.

Zusätzlich hatte ich das Gefühl, dass da eine Stimme in meinem Kopf ist, die ich anfangs nicht einordnen konnte. Mittlerweile nenne ich diese Stimme „Gott“, und sie sagte zu mir: „Wie sollen wir dich führen, wenn du dich nicht führen lässt? Geh' in dein Vertrauen, Heike, wir sind für dich da!“ Ja, wenn das so einfach wäre mit dem Vertrauen! Haben doch schon meine frühesten Erfahrungen rings um meine Geburt mich misstrauisch gemacht...

Doch ich merkte: Immer dann, wenn es mir ganz schlecht ging und ich kein Licht mehr sah, wurde mir ein Lichtblick geschickt.

Es meldete sich eine Heilpraktikerin, die einen Raum suchte. Sie hatte zufällig davon gehört.

Es meldete sich eine ehemalige Klientin, die einen Elternabend und eine Erzieherfortbildung im Kindergarten mit mir vereinbarte.

Ich brauchte dafür nichts zu tun. Keine Anstrengung unternehmen. Was ich tun musste, war: warten.

Nichts tun. Und das fiel mir so schwer! Haben Sie sich schon mal hingesetzt und tagelang, wochenlang nichts getan? Ich dachte, ich würde verrückt! Ich, die immer in Aktion war. Die ihr Leben kontrollieren, alles in der Hand haben will, soll darauf vertrauen, dass die Türen schon von selbst aufgehen?

Warum blieben die Klienten also aus? Dazu durfte ich eine Tür in mir öffnen. Die Tür der Vergebung.

Vier Tage nach Muttertag hatte ich bei meiner Atemtherapeutin ein Coaching. Wir schauten uns in einem Gespräch die Kleine Heike an. Der Teil, der sich übersehen gefühlt hatte, der Teil, der meinte, dass er nicht gewollt sei. In meinen inneren Bildern sitzt sie in einer Ecke, dreht mir den Rücken zu. *„Lass mich in Ruhe!“*, schreit sie mich innerlich an. Und ich verbinde die Gefühle von damals mit heute. „Aha“, denke ich, „deshalb kommen die Klienten nicht in meine Praxis. Wenn ich nach außen ausstrahle, dass sie mich in Ruhe lassen sollen, kommt auch keiner.“

Es schmerzt mich im Herzen, die Kleine Heike so zu sehen. Ich würde am liebsten sofort hingehen und sie in den Arm nehmen und trösten. Doch es geht nicht. Ich bin wie gelähmt. Die Füße wollen nicht vorwärts gehen. Es steht etwas zwischen ihr und mir. Mein Vater. Oha, bin ich auf einmal sauer. Ganz viel Wut gegenüber meinem Vater ist da, und schon lege ich los. Ich beschimpfe ihn, dass er mich nicht beachtet hat, mich übersehen hat. Genauso hat meine Tochter sich gefühlt, als ich zu meinem ehemaligen Mann in die Küche kam und er sich mit mir unterhielt – zwei verschiedene Situationen, das gleiche Gefühl. Ich habe mich so allein, so einsam gefühlt. Als Kind konnte ich gut wahrnehmen, dass sich auch mein Papa oft allein gefühlt hat. Kinder nehmen die Gefühle der Eltern immer wahr. Sie haben ganz feine Antennen.

Jetzt wird mir klar, ja, ich kann es fühlen, dass wir zwei Seelen waren, die sich allein fühlten.

Doch das Gefühl der Einsamkeit schmerzte mich damals, und deshalb packte ich es in meinen Rucksack der ungefühlten Gefühle, griff meinen Papa an und machte ihn für meine Einsamkeit verantwortlich. Ich zog mich zurück und schmollte.

Mein Papa hat sein Bestes gegeben. Das Gefühl der Einsamkeit war ja mein Gefühl. Durch diese Erkenntnis kommt Ruhe in meinen Körper. Jahrelang hatte ich einen Kampf mit meinem Papa geführt. Ich wollte ihn mit meinem Rückzug bestrafen dafür, dass er mich – wie ich es wahrgenommen hatte – übersehen hat. Dabei habe ich mich am meisten bestraft, indem ich mein Herz für ihn verschlossen habe.

Mit dem Gefühl „Ich vergebe mir" höre ich gleichzeitig auf, mit den Männern zu kämpfen. Denn: Das, was ich mit meinem Papa ausgefochten habe, habe ich unbewusst mit allen anderen Männern ausgefochten. Sie standen als Mann für meinen Papa, und ich habe die Kampf-Gefühle auf die Männer projiziert.

Danach gehe ich in meinen inneren Bildern auf die Kleine Heike zu, will sie in die Arme nehmen. Sie trösten. Fühle immer noch Schmerz. Ich bin viel zu schnell auf sie zugegangen. Ich habe sie dabei nicht beachtet. Ich als Große Heike halte den Schmerz kaum aus und möchte sie in meine Arme nehmen. Mit einer Umarmung jedoch gehe ich ins Tun und nehme meinen Schmerz dann nicht mehr wahr. Meinen Schmerz darüber, dass ich so wenig Zeit für mein Inneres Kind hatte. Doch das ist nicht das, was sie will. Sie will beachtet werden! Beachtet in und mit ihrem Schmerz. Ich sage ihr: „Ich kann dich gut mit deinem Schmerz sehen und fühlen!", dann gehe ich einige Schritte zurück. Dabei bemerke ich, dass noch etwas zwischen uns steht. Meine

Mama. In meiner Vorstellung kann ich sie auch nicht anschauen. Etwas nimmt mir den Atem. Aus meiner damaligen Einsamkeits-Not heraus wollte ich unbewusst ja immer noch die Aufmerksamkeit meines Vaters haben und drängte mich zwischen meine Eltern. (Erinnern Sie sich an die Situation mit meiner Tochter am Muttertag?) Ich werde sauer und sage zu meiner Mama: „Du willst mir meinen Papa wegnehmen. Das lasse ich nicht zu. Der gehört mir. Du bist gar nicht gut genug für ihn. Du bist sowieso immer nur müde und erschöpft. Du kannst ihm gar nicht das geben, was er haben will!“

Ich merke, dass hier die Rollen vertauscht sind. Die Kleine Heike übernimmt die Rolle, sich um alles im Haus zu kümmern, wenn die Mama müde und erschöpft ist. Sie hat sich als Kind zu groß gemacht, sich auf die Ebene der Mama gestellt, obwohl sie ein Kind von drei Jahren ist. Und mir kommen die Tränen, bemerke ich doch jetzt, dass ein Teil von mir aufgehört hat, Kind zu sein. Und ich verspüre gleichzeitig ein anderes Gefühl: „Es tut mir leid, Mama! Es tut mir leid, dass ich mich zwischen dich und Papa gedrängt habe.“

Ich war damals drei Jahre. Achtunddreißig Jahre später erlebe ich mit meiner Tochter noch einmal das Gleiche. Ich bin meiner Tochter dankbar, dass sie mir meine damalige Situation gespiegelt hat. Durch meine Heilung kann auch sie Heilung finden und ihre eigentliche Rolle wieder übernehmen: Kind sein!

Gespiegelt heißt: Mein Gegenüber (Partner, Kinder, Freundin, Arbeitskollegin usw.) ist ein Spiegel für mich, da er mir ein Muster aufgezeigt hat, das ich auch kenne. Ich schaue in den Spiegel-Menschen und erkenne mich selbst.

Ihr Gegenüber bringt all das in Ihnen hoch, was noch nicht gefühlt und somit noch nicht liebevoll von Ihnen angenommen wurde. Deshalb endet eine Meinungsverschiedenheit häufig in einen Streit und somit in den Angriff, das Unverständnis, die Wut, die Trauer usw. Wenn das so ist, sind einige Gefühle noch nicht liebevoll angenommen worden. Denn sonst könnte Ihr Gegenüber Sie niemals so auf die Palme bringen.

Ein Beispiel. Mein Ex-Freund sagt zu mir: „Nie hast du Zeit für mich! Immer bist du mit deinen Freundinnen unterwegs." (Sie erinnern sich? „Immer" und „Nie" sind Wörter, die Kinder sagen.)

Ich fühle mich angegriffen und gehe in den Gegenangriff. „Das stimmt doch gar nicht! Wir machen doch auch etwas zusammen!"

Mein Ex-Freund: „Das stimmt nicht."

Usw., usw.. Damit ist der Streit in vollem Gange. Keiner von uns beiden fühlt sich gesehen oder gehört.

Hätte er von seinem Gefühl gesprochen und gesagt, dass er sich allein fühlt und das Gefühl hat, dass ich ihn nicht mehr lieb habe (denn so hat er es wahrgenommen), wäre ich darauf gekommen, dass es mir genauso ging. Und um meine Einsamkeit und mein Ungeliebtsein nicht zu fühlen, verabrede ich mich mit meinen Freundinnen. Es ist jedoch die Kleine Heike, die sich einsam und ungeliebt fühlt. Und wenn ich dann zu meinem Rucksack gehe, liebevoll meine Erinnerung an Einsamkeit und Ungeliebtsein herausnehme und sie mir anschaue und fühle, verwandeln sich diese Gefühle automatisch in Liebe. Ich bin dann nicht mehr angreifbar.

Nehmen wir also an, ich schaue in den Rucksack und arbeite meine Erinnerung auf, und dann sagt mein Ex-Freund diese Sätze zu mir. Dann kann ich ganz anders darauf eingehen. Ich fühle mich nicht mehr angegriffen und kann sagen: „Es tut mir leid, dass du dich einsam und ungeliebt fühlst.“ Und wissen Sie, was dann bei meinem Ex-Freund passieren könnte? Sein Inneres Kind würde sich entspannen, sich gesehen fühlen. Und mal ehrlich, wollen wir nicht alle gesehen werden mit dem, was gerade ist?

Es würde nicht zum Streit kommen. Ich würde mein Bedauern über sein Gefühl ausdrücken, und wir könnten gemeinsam überlegen, wie wir zu einer Lösung gelangen.

Damit auch Sie langsam eine Beziehung zu Ihrem Inneren Kind aufbauen können, habe ich auf der nächsten Seite eine Übung für Sie. Viel Spaß damit!

Übung mit dem Inneren Kind

Kleine Heike: *„Die Übung find' ich gut. Da kann ich mit dir sprechen. Das ist meine Zeit."*

Ich: „Ja. Ich freue mich auch darauf."

Ich gehe davon aus, dass Sie noch keinen bewussten Kontakt zu Ihrem Inneren Kind haben, und möchte Sie um Geduld bitten.

Nehmen Sie sich täglich einige Minuten Zeit. Vereinbaren Sie mit sich selbst einen Zeit- und Treffpunkt. Stellen Sie die vereinbarte Zeit auf einem Wecker oder einer Eieruhr ein. Fangen Sie klein an, fünf oder zehn Minuten täglich reichen erst einmal aus. Sie können die Zeit immer noch steigern.

Legen oder setzen Sie sich bequem hin. Falls Sie mit Musik besser entspannen können, tun Sie auch das. Probieren Sie es aus.

Fangen Sie ein inneres Gespräch mit sich an:

„Hallo, Kleine .../Hallo, Kleiner ...". Nennen Sie Ihren Vornamen. „Wie geht es dir?" Dann hören Sie zu, was das Kind zu sagen hat, indem Sie sich zurückhalten und nach innen lauschen. Nehmen Sie wahr, was auftaucht, auch wenn es Ihnen zunächst unverständlich erscheint. Es kann sein, dass Ihr Kind traurig ist und Trost braucht. Es kann sein, dass Ihr Kind fröhlich ist, mit Ihnen auf den Spielplatz will und schaukeln möchte. Es kann sein, dass Ihr Kind wütend ist und alles kurz und klein schlagen möchte. Es kann sein, dass es Vorwürfe hagelt. Es kann sein, dass es mit Ihnen kuscheln möchte. Und es kann sein, dass nichts passiert.

Falls nichts passiert, seien Sie geduldig mit sich. Das Kind in Ihnen darf erst Vertrauen zu Ihnen aufbauen. Sie sind für das Kind eine fremde Person. Laufen Sie als Erwachsene auf fremde Menschen zu und erzählen ihnen etwas Privates? Es kann sein, dass das Kind viel Angst hat und schüchtern ist. Dass es erstaunt ist, von Ihnen zu hören. Abwarten. Probieren Sie es am nächsten Tag noch einmal. Und danach noch einmal. Das Kind wird sich melden.

Falls in Ihnen ein Gefühl, ein Gedanke, ein Bild auftaucht, nehmen Sie genau das als Signal Ihres Inneren Kindes. Und dann möchte ich Sie bitten, eine Entscheidung zu treffen. Falls Ihr Kind Trost benötigt, kuscheln möchte, wütend ist: Sind Sie bereit, Ihrem Kind all das zu geben? Wenn in Ihnen ein Nein aufsteigt, akzeptieren Sie es bitte und seien Sie liebevoll mit sich selbst. Halten Sie Ihre eigenen Grenzen ein. Es wird einen Grund haben, warum es so ist, wie es ist. Und fragen Sie sich, was es Ihnen schwer macht, dem Kind das zu geben, was es sich wünscht. Nehmen Sie wieder die erste Antwort, die in Ihren Kopf schießt. Und akzeptieren Sie wieder diese Antwort, liebevoll.

Egal was Ihnen das Kind mitteilt, denken Sie immer daran, all das haben Sie schon erlebt und auch überlebt. **Es sind Erinnerungen, die geheilt werden möchten.**

Angst und Vertrauen: Passt das zusammen?

Ich: „Ich würde gern über Angst schreiben. Bist du damit einverstanden?"

Sie ist ganz leise zu vernehmen.

Kleine Heike: *„Die kenn' ich gut."*

Ich: „Möchtest du auf meinen Schoß klettern und dich ankuscheln?"

Die Kleine Heike nickt und klettert auf meinen Schoß. Es ist ganz still in mir. Ich werde traurig. Mir wird kalt. Ich merke, dass die kleine Maus noch Zeit braucht, lehne mich zurück und warte.

Sie fängt an zu weinen.

Kleine Heike: *„Als ich klein war, da durfte ich keine Angst haben. Die Kinder haben gelacht, und die Großen konnten damit nicht umgehen. Ich hab' mich dann in mein ‚Herzhaus' zurückgezogen, ganz tief in mir drin. So konnte mich keiner sehen mit meiner Angst. Und ich hatte viel Angst. Vor Wespen hatte ich sooooo eine große Angst! Und ich sollte immer stillhalten. Doch das konnte ich nicht. Und dann hieß es immer, ich soll mich nicht so anstellen, und dann bin ich ausgelacht oder ausgeschimpft worden. Dann bin ich weggelaufen, in mein Herzhaus."*

Ich weine mit ihr.

Kleine Heike: *„Und ich hatte auch ganz große Angst vor Menschen. Die wollen immer etwas von mir. Ich sollte still sein und artig. Das konnte ich auch nicht. Meine Schwester konnte das. Das war schlimm für mich zu sehen, dass ich es nicht konnte."*

Mittlerweile schluchzt die Kleine in meinen Armen. Ihre Angst, nicht gut genug zu sein, ist riesengroß.

Kleine Heike: *„Ich war so anders als die anderen Kinder! Das machte mir auch Angst.“*

Ich: „Du darfst anders sein.“

Kleine Heike: *„Wer sagt dir, dass ich das darf?“*

Ich: „Ich sage dir das. Jetzt bin ich Mama und Papa für dich, und ich gebe dir die Erlaubnis, anders zu sein. Weißt du, ich liebe deine Lebendigkeit. Die fühle ich so gerne in mir. Ich liebe deine Betriebsamkeit. Du bringst mich zum Joggen und dazu, dass wir gemeinsam auf den Spielplatz gehen und schaukeln.“

Kleine Heike: *„Ja, das ist toll! Letztes Mal haben wir ganz hoch geschaukelt. Das war ganz komisch in meinem Bauch.“*

Ich: „Ja, das stimmt. Und deine Neugierde liebe ich besonders. Die lässt uns im Urlaub immer in den Kurven noch einmal um die Ecke schauen.“

Kleine Heike: *„Ja, da gibt es dann ja auch noch so viel zu sehen!“*

Ich: „Geht es dir jetzt besser?“

Kleine Heike: *„Ja. Ach, es ist so schön mit dir! Gut, dass wir uns gefunden haben.“*

„Sei stark. Steh’ Deinen Mann, steh’ Deine Frau. Funktioniere. Angst ist was für Schwache. Sei kein Weichei. Angst brauchst du nicht. Die bringt dich nicht weiter im Leben.“ Viele Sätze, die so viel in uns bewirken.

Angst ist Abwesenheit von Liebe. Soll heißen: Wenn ich oft negativ denke und spreche, mir nichts zutraue, Angst vor der Zukunft habe, habe ich Angst in meinem Herzen und kann das Gute, was mir das Leben schenken möchte, nicht sehen. Angst macht, dass unser Herz eng und kalt ist, statt wie bei der Liebe weit, warm und weich. Wenn ich Angst und Enge fühle, reagiere ich in Situationen ganz anders, als wenn ich in der Liebe bin, mit einem offenen Herzen.

Hätten Sie mich vor zwanzig Jahren gefragt: „Was ist Angst und wie fühlt sich diese an?“, hätte ich mit den Achseln gezuckt und gesagt: „Weiß ich nicht.“

Bevor ich vor sechzehn Jahren meine Atemausbildung anfing, hatte ich meine Gefühle – wie die Kleine Heike schon erwähnte – schön luftdicht in mein „Herzhaus“ verpackt. Ich habe bis dahin super funktioniert. Alles lief gut. Geradezu perfekt. Ich war verheiratet, hatte ein Kind, zwei Autos und ein Haus.

Im ersten Ausbildungsjahr war ich nur im Widerstand. Lief unbewusst mit dem Stinkefinger in der Hosentasche durch die Ausbildung. „Ach, ihr könnt mir doch gar nichts! Was wollt ihr denn von mir?“ Damals hatte ich nicht begriffen, dass „die“ gar nichts von mir wollten, sondern ich etwas von ihnen. Ich wollte gesehen werden, mit all dem, was mich ausmacht. Mit meiner Angst, meiner Wut, meinem Hass und mit meinem Widerstand.

Im zweiten Ausbildungsjahr wuchs mein Vertrauen in die Arbeit der AusbilderInnen. Ich wagte es, mich ein klein wenig zu öffnen. Mehrmals stand ich – bildlich gesehen – am Abgrund und durfte mich entscheiden: Geh ich durch das Gefühl durch, oder lass ich es? Mit viel Hilfe der Gruppe und der TherapeutInnen bin ich durch Gefühle hindurchgegangen, bei denen ich dachte: „Die habe ich noch nie gefühlt.“ Ich hatte sie verdrängt. Unbändige, nackte Angst, die mir fast den Atem nahm und mich aufschreien ließ, Verzweiflung und Wut, die sich hart in mir anfühlten, tiefe Trauer, die mich ins Mark getroffen hatte.

Das klingt vielleicht erst einmal abschreckend, doch: Je mehr ich in Kontakt mit meinen verdrängten Teilen und Gefühlen ging, desto mehr wuchs mein Vertrauen in mich. Je mehr ich mich meiner Angst annahm und mir die Erlaubnis gab: „Ich darf ängstlich sein“, desto mehr machte sich Freude in mir breit.

Diese Erfahrung konnte auch eine Klientin von mir machen, die mir erzählte, dass sie keine Freude mehr am Skifahren hatte, da sie vor einiger Zeit gestürzt war. Die Angst erzählte ihr, dass sie wieder stürzen und mit einem gebrochenen Arm nach Hause fahren würde. Dann würde sie bei der Arbeit ausfallen – und so weiter.

Der nächste Skiurlaub stand vor der Tür, und ich fragte sie, ob sie bereit wäre, etwas auszuprobieren. Sie stimmte zu. Ich riet ihr Folgendes: „Wenn du dich auf die Skier stellst, stell dir vor, du nimmt deine Angst mit. Stell sie zwischen deine Beine und sei dir ganz bewusst, dass du deine Angst mitnimmst. Rede ihr gut zu, wie einem kleinen Kind.“ Nach dem Urlaub fragte ich sie, wie das Skifahren war. „Großartig, ich bin gefahren wie ein junger Gott! Ich habe die Angst zwischen meine Beine auf die Skier gestellt und bin los. Es war super!“ Sie hatte das getan, was ihr am schwersten fiel: Sie hatte ihre Angst angenommen, sich ihr liebevoll gestellt.

Ein weiteres Beispiel:

Eine andere Klientin erzählte mir, dass sie nachts unter Angstzuständen litt. Diese äußerten sich in Atemnot, Schweißausbrüchen, Unruhe, Schlaflosigkeit.

Obwohl sie Medikamente zur Beruhigung nahm, wurde es nicht besser. Die Angst, „nicht zu wissen, was mit mir los ist und durch den Schlafmangel den Alltag nicht mehr zu schaffen", bedrückte sie. Ich riet ihr, sich ein Angst-Schaf zu kaufen. Ein kleines Stofftier, das sie mit ins Bett nimmt und jedes Mal, wenn die Angst kommt, in die Arme schließt und dem Schaf erzählt, wie sie sich fühlt. Durch die Projektion war sie nicht mehr die Angst, sondern konnte sich wahrnehmen als erwachsene Frau mit Angst.

Diese Frau ist dreiundsiebzig Jahre alt und hat sich ein Stoff-Schaf gekauft. Sie hat meiner Idee Raum gegeben. Und sie war begeistert.

Ich möchte Sie ermutigen, sich liebevoll Ihren Angst-Gefühlen zu nähern. Vorsichtig, spielerisch, neugierig.

Was Sie auch in Ihrem Leben erlebt haben, Sie haben es überlebt. Sie haben Strategien entwickelt, die Sie überleben lassen. Jetzt, wo Sie dieses Buch in der Hand halten, sind Sie auf der Suche nach Lösungen.

Nehmen Sie die Angst in die eine Hand und den Mut in die andere, und gehen Sie weiter.

Sie können mich gern in Gedanken mitnehmen!

Ich rede nicht von der Angst, die Vorsicht heißt. Ich rede von der Angst, die uns lähmt, in Situationen vorwärts zu gehen.

„Ich gehe abends nicht auf die Party, weil ich dort vielleicht nicht willkommen bin und weil ich keinen Menschen dort kenne.“

„Ich gehe abends nicht alleine ins Kino, weil die Leute denken könnten, ich hätte keinen Partner.“

„Ich rufe meine Freunde nicht an, weil ich Angst vor Ablehnung habe.“

Dies sind Ängste, die uns hemmen, neue Erfahrungen zu machen.

Vor einiger Zeit hatte ich die Idee, in einem Hotel in der Nähe meiner Wohnung mobile Massagen anzubieten. Es ist ein sehr nobles Hotel, und ich schlich immer wieder mit dem Gedanken ums Hotel: „Ach, die wollen mich bestimmt nicht!“. Dann erstellte ich Flyer, steckte sie in die Tasche – und schlich weiter um das Hotel herum. Nach zwei Wochen endlich fasste ich mir ein Herz und fragte nach dem Manager, der tatsächlich Zeit für mich hatte! Er begrüßte mich herzlich, lud mich auf ein Getränk ein und fragte nach dem Grund meines Besuchs. Ich erzählte ihm von meiner Idee, und er sagte mir, dass sie bereits jemanden hätten, der ins Haus kommt. Er sei jedoch gern bereit, meine Flyer auszulegen. Nach einer halben Stunde verabschiedeten wir uns voneinander.

Ich war unglaublich glücklich, eine so schöne Erfahrung gemacht zu haben. Er hatte nicht mit einer Silbe gesagt, dass er mich nicht wollte. Im Gegenteil, er nahm sich Zeit! Ich fühlte mich willkommen. Wäre ich meiner Angst gefolgt, hätte ich diese schöne Erfahrung nicht machen können. Ich hätte den wunderschönen Garten dieses Hotels nicht gesehen. Mir wäre wirklich etwas entgangen.

Wo war mein Problem? Ich hätte „Nein, Danke“ als eine persönliche Ablehnung empfunden. Und das, obwohl dieser Manager mich gar nicht kannte. Und warum hätte ich es als Ablehnung empfunden? Weil ich irgendwann in meinem Leben eine solche Erfahrung gemacht hatte, die mein Gehirn als schmerzvoll abgespeichert hat und mich vor einer ähnlichen Erfahrung schützen wollte. Jetzt hatte ich eine neue Erfahrung gemacht und meinem Bewusstsein eine neue Pille zu schlucken gegeben. Ich gehe auf Menschen zu und bin willkommen. Toll! Das habe ich dann gleich noch ein paar weitere Male ausprobiert, damit diese Erfahrung sich auch positiv in meinem Gehirn und in meinem Körper abspeichern konnte.

Gönnen Sie sich kleine Mutproben, damit Sie an neuen, positiven Erfahrungen wachsen können. Und auch hier: Bitte positiv denken! Wenn Sie mit dem Gedanken losgehen: „Ach, so ein Quatsch! Mutprobe! Das klappt doch nie!“, dann lassen Sie es lieber – dann klappt es auch nicht. Seien Sie überzeugt davon, dass diese Mutprobe für Sie positiv ist. **Glauben Sie an sich.** Wenn Sie nicht an sich glauben, wer sollte es dann tun? In der Außenwelt passiert nur das, was wir uns denken. Wir schicken unsere Gedanken in die Welt, und die Welt reagiert darauf.

Nun höre ich Sie schon sagen: „Ja, aber das ist doch auch so! Wie oft ist es schon passiert, dass ich gesagt habe: ‚Siehst du, ich hab' es doch gewusst!‘?” Und es stimmt. Sie haben ja auch den Gedanken in die Welt gesendet, und er wird Ihnen dann bestätigt. Was macht es so schwierig, positive Gedanken in die Welt zu schicken? Wir sind es nicht gewohnt, positiv zu denken und glücklich zu sein!

Und da wir es nicht gewohnt sind, positiv zu denken, dürfen Sie geduldig mit sich sein. Die Angst will weiterhin gehört werden, und der Skeptiker will weiterhin seine Bedenken anmerken wollen. Unser Gehirn ist darauf spezialisiert, uns mit Kampf oder Flucht durch schwierige Situationen im Leben zu bringen. **Dass es uns gut gehen darf und wir glücklich sein dürfen, können wir lernen.**

Innere Gewohnheiten zu durchbrechen bedeutet, beharrlich Neues zu trainieren. Ansonsten zieht der Innere Schweinehund an der Kette mit den Worten: „Ach, lass die

Frau Fischer doch reden. Uns ging es doch ganz gut, morgens so muffelig!“

Also: raus aus den alten Schuhen, rein in die neuen Schuhe!

Und seien Sie liebevoll mit sich. Neue Gewohnheiten wollen erlebt und gelebt werden. Immer und immer wieder. Bis sie natürlich sind, bis sie passieren, ohne dass Sie darüber nachdenken müssen. Alte Gewohnheiten haben sich eingeschlichen, sie waren nicht von jetzt auf gleich bei Ihnen.

Machen Sie zum Beispiel einen „Verkehrtherum-Tag“. An diesem Tag wird Ihnen bewusst, welche Handlungen Sie wie machen. Oder können Sie mir jetzt sagen, mit welchem Bein Sie zuerst in Ihre Hose steigen? Rechts oder links? Mussten Sie darüber nachdenken?

Statt sich mit rechts die Zähne zu putzen, putzen Sie sie mit links. Statt zuerst den rechten Schuh anzuziehen, ziehen Sie zuerst den linken an. Vor Jahren habe ich diesen Tag mit meiner Tochter gemacht. Wir hatten viel Spaß dabei. Probieren Sie es aus! Es lohnt sich.

Was hat das Ganze mit Angst zu tun? Die Angst vor Veränderung in uns ist riesengroß.

Und Sie wollen doch Veränderungen – oder?

Mit der nächsten Übung dürfen Sie sich behutsam an Ihre Angst herantrauen.

Meine Kritikerin meldet sich zu Wort: *„Mann, Mann, Mann. Da hat sie sich ja lang und breit drüber ausgelassen. So ein bisschen Angst! Die kann man auch auf dem Papier ganz groß werden lassen. Das hätte Heike doch auch in einem Satz sagen können: Angst wird angenommen – und fertig. Geht doch!“*

Perfektionistin: *„Sag' mal, spinnst du?! Ich will das bei Heike auch alles richtig machen. Nicht so larifari! Das soll alles Hand und Fuß haben"*

Antreiber: *„Können wir mal weiter machen? Sonst sitzen wir Weihnachten noch hier. Und wir haben jetzt Sommer!"*

Kritikerin: *„Sag' ich ja, das dauert alles viel zu lange. Und trotzdem darf ich ja wohl noch mal zu Wort kommen. Ganz am Anfang des Buches hat Heike doch geschrieben, dass sie das Buch mit uns schreibt. Und hey, ich hab' mich schon total zurückgehalten! Und jetzt hat sie auch noch Übungen in das Buch geschrieben. Die will doch keiner machen! Die Menschen wollen zwar glücklich sein, aber das soll mit einem Fingerschnipp gehen. Die wollen keine Übungen machen!"*

Perfektionistin: *„Tja, so einfach ist das leider nicht. Die Macht der Gewohnheit ist riesig groß. Hat sie doch auch schon geschrieben. Die alten Schuhe müssen weg."*

Kritikerin: *„Na, dann schmeißt man sie in die Mülltonne und kauft sich neue!"*

Perfektionistin: *„Das ist wieder typisch für dich! Und wenn du Zeit brauchst, um neue zu finden, und die alten sind schon in der Mülltonne? Läufst du dann barfuß durch den Regen zum Einkaufen?"*

Ich: „Darf ich jetzt weitermachen?"

Kritikerin (zähneknirschend): *„Ja-a."*

Perfektionistin: *„Ich bin zu allem bereit."*

Antreiber: *„Na, dann mal los!"*

Angst-– oder besser gesagt: Mut-Übung

Bei den folgenden Übungen suchen Sie sich eine Person aus, der Sie vertrauen. Es kann der/die eigene Partner/Partnerin sein, das muss jedoch nicht so sein. Sie können diese Übung auch allein mit sich vor einem Spiegel machen und sich dabei in die Augen schauen.

Partnerübung

Setzen Sie sich gegenüber.

Schauen Sie sich in die Augen, atmen Sie bewusst tief ein und aus. Jeder bekommt vier Minuten, seine Ängste auszusprechen. Einer spricht, der andere hört zu. Einer fängt an mit dem Satz: „Eine Angst, die ich habe, ist ...“.

Unsere Ängste vor jemanden auszusprechen erfordert viel Mut. Geben Sie sich die Erlaubnis, mutig zu sein! Halten Sie den Augenkontakt die ganze Zeit. Nehmen Sie sich Zeit, die Angst zu fühlen. Atmen Sie tief ein und aus.

Dann erzählt Ihnen Ihr Partner/Ihre Partnerin von seiner/ihrer Angst.

Ein Beispiel:

Eine Angst, die ich habe, ist zu versagen.

Nehmen Sie durch die Nase einen tiefen Atemzug in den Bauch und lassen Sie den Atem durch den leicht geöffneten Mund wieder heraus. Bei der Einatmung hebt sich die Bauchdecke, bei der Ausatmung senkt sie sich.

Geben Sie sich die Erlaubnis, das Gefühl zu fühlen.

Eine Angst, die ich habe, ist, nicht geliebt zu werden.

Nehmen Sie durch die Nase einen tiefen Atemzug in den Bauch und lassen Sie den Atem durch den leicht geöffneten

Mund wieder heraus. Bei der Einatmung hebt sich die Bauchdecke, bei der Ausatmung senkt sie sich.

Geben Sie sich die Erlaubnis, das Gefühl zu fühlen.

Eine Angst, die ich habe, ist es, krank zu werden.

Nehmen Sie durch die Nase einen tiefen Atemzug in den Bauch und lassen Sie den Atem durch den leicht geöffneten Mund wieder heraus. Bei der Einatmung hebt sich die Bauchdecke, bei der Ausatmung senkt sie sich.

Geben Sie sich die Erlaubnis, das Gefühl zu fühlen.

Sprechen Sie das aus, was Ihnen einfällt, ohne zu überlegen. Einfach loslegen. Wenn Ihnen nichts mehr einfällt, sagen Sie weiter:

Eine Angst, die ich habe, ist ...

Und wiederholen diesen Satz:

Eine Angst, die ich habe, ist ...

Nehmen Sie durch die Nase einen tiefen Atemzug in den Bauch und lassen Sie den Atem durch den leicht geöffneten Mund wieder heraus. Bei der Einatmung hebt sich die Bauchdecke, bei der Ausatmung senkt sie sich.

Und auf einmal kommt ein Impuls, und Ihnen fällt etwas Neues ein, wovor Sie Angst haben.

Eine Angst, die ich habe, ist, dass meine Mama stirbt.

Nehmen Sie durch die Nase einen tiefen Atemzug in den Bauch und lassen Sie den Atem durch den leicht geöffneten Mund wieder heraus. Bei der Einatmung hebt sich die Bauchdecke, bei der Ausatmung senkt sie sich.

Geben Sie sich die Erlaubnis, das Gefühl zu fühlen.

Nach vier Minuten wechseln Sie, lassen die andere Person sprechen und hören zu.

Bleiben Sie die ganze Zeit im Augenkontakt. Atmen Sie bewusst tief ein und aus.

Danach verändern Sie den Satz in **Ich bin bereit**, ...

Auch hier ein Beispiel:

Ich bin bereit, mein Herz zu öffnen.

Nehmen Sie durch die Nase einen tiefen Atemzug in den Bauch und lassen Sie den Atem durch den leicht geöffneten Mund wieder heraus. Bei der Einatmung hebt sich die Bauchdecke, bei der Ausatmung senkt sie sich.

Geben Sie sich die Erlaubnis, das Gefühl zu fühlen.

Ich bin bereit zu vertrauen.

Nehmen Sie durch die Nase einen tiefen Atemzug in den Bauch und lassen Sie den Atem durch den leicht geöffneten Mund wieder heraus. Bei der Einatmung hebt sich die Bauchdecke, bei der Ausatmung senkt sie sich.

Geben Sie sich die Erlaubnis, das Gefühl zu fühlen.

Auch hier bekommt jeder vier Minuten Zeit, die Bereitschaft auszusprechen.

Nach der Übung bedanken Sie sich bitte für das Vertrauen bei Ihrem Partner/Ihrer Partnerin. Und bedanken Sie sich auch bei sich selbst, dass Sie sich und Ihren Ängsten Zuwendung geschenkt haben.

Nachdem Sie so mutig waren, sich Ihre eigenen Ängste einzugestehen, dürfen Sie auf den nächsten Seiten noch einmal mutig sein.

Die liebe Not mit der Wut

Wütende Heike: *„Ha, jetzt komme ich dran!“*

Ich: „Was willst du uns denn erzählen?“

Wütende Heike: *„Dass ich, als ich klein war, viel Wut hatte.*

Ich war wütend darüber, dass mein Bruder geboren wurde.

Ich war wütend darüber, dass ich nicht im Kindergarten war.

Ich war wütend darüber, dass ich in die Schule musste. Diese doofe Schule!

Ich war wütend darüber, dass ich nicht das machen konnte, was ***ich*** *wollte.*

Ich war wütend darüber, dass ich ungerecht behandelt wurde.

Ich war wütend darüber, dass ich nicht wütend sein durfte.

Ich war wütend darüber, dass ich ... dass ich ...

Ich war so wütend!“

Ich: „Ja, das sehe ich gut.“

Meine Mama wollte glückliche Kinder, und glückliche Kinder waren weder traurig noch wütend. Das habe ich als Kind gespürt. Sie hat nie gesagt: „Du darfst nicht wütend sein.“

Wohin denn dann mit der Wut? Also habe ich meine Wut heruntergeschluckt!

Alles, was wir herunterschlucken, belastet unsere Seele. Macht sie krank. Die Seele spricht nicht und teilt sich über unseren Körper mit.

Vielleicht kennen Sie folgende Sätze:

„Das schlägt mir auf den Magen.“

„Mein Magen fühlt sich wie ein Stein an.“

„Mir kommt gleich die Galle hoch.“

„Ich habe eine schwere Last auf meinen Schultern zu tragen.“

„Es geht mir an die Nieren.“

„Mein Rücken fühlt sich an, als würde er durchbrechen.“

„Mir schwillt die Krawatte an.“

„Ich habe Füße wie Blei.“

"Mein Herz ist eng!"

„Ich habe einen Frosch im Hals.“ Na, raus damit!

Wut ist ein Gefühl, das viele Menschen gut fühlen können. Wir rasten aus. Fangen an, Türen zu knallen, fangen an zu schreien. **Doch hinter der Wut sitzen meist noch andere Gefühle: Verzweiflung, Einsamkeit oder Trauer.** In dem Moment der Wut sind wir jedoch nicht in der Lage, das darunterliegende Gefühl wahrzunehmen. Wenn wir wütend sind, fühlen wir uns wenigstens stark und kraftvoll. Das ist häufig leichter auszuhalten, als sich verzweifelt, einsam oder traurig zu fühlen. Leider nehmen wir uns abends auch nicht die Zeit, um noch einmal in diese Situation hineinzufühlen.

Manchmal braucht unsere Wut ein Ventil, damit wir fühlen können, was sich dahinter versteckt. Es gibt mehrere Möglichkeiten, seiner Wut Luft zu verschaffen, ohne dass Sie anderen Menschen damit wehtun. Auf den nächsten Seiten finden Sie einige Entschlackungskuren.

Ideen für Wut-Entschlackungen

Wenn Sie diese Übung lesen oder gelesen haben, achten Sie bitte genau auf Ihre Gefühle. Falls Sie beim Lesen ein ungutes oder gar schlechtes Gefühl haben, machen Sie die Übung bitte nur in Begleitung mit einer Therapeutin oder einer Freundin.

Weil meine Mama ein glückliches Kind wollte, schluckte ich meine Wut herunter. Mit der Wut schluckte ich auch meinen Selbsthass herunter, der mich angriff mit den Worten: „Du schaffst es nicht mal, deine Mama glücklich zu machen. Du bist zu nichts zu gebrauchen!“

Jetzt, im Erwachsenen-Alter, braucht es manchmal den Satz: „Ich gebe mir die Erlaubnis, wütend zu sein, traurig zu sein, so zu sein, wie ich bin.“

Im Februar 2009 zogen meine Tochter und ich zu meinem damaligen Freund. Im Mai 2009 beendete er die Beziehung. Für mich kam das wie aus heiterem Himmel.

Der Boden brach mir unter den Füßen weg. Drei Wochen lang war ich unfähig, irgendetwas zu tun. Mein ehemaliger Mann musste sich um unsere Tochter kümmern. Ich stand unter der Dusche und fragte mich: „Wer duscht mich gerade? Wer trocknet mich ab? Wer föhnt mir meine Haare?“ So sehr habe ich neben mir gestanden.

Nach einigen Wochen kam eine enorme Wut in mir hoch, und ich gab mir die Erlaubnis, meine Wut zu fühlen.

In dem Buch „Heilung und Selbstheilung durch Imagineering“ von Dr. Heinrich Klaus fand ich die passende Übung für mich:

Ich sorgte dafür, dass ich allein war. Setzte mich auf mein Bett, ein festes Kissen vor mir. Dann stellte ich eine Eieruhr auf fünfzehn Minuten ein und schlug mit geballten Fäusten auf das Kissen. Immer feste drauf. In diesem Moment wurde das Kissen zu meinem Ex-Freund. Und ich beschimpfte ihn lautstark dabei. Tat das gut! Nach zehn Minuten hätte ich am liebsten aufgehört und machte dennoch tapfer weiter. Immer drauf, immer drauf. Schweißgebadet war ich nach den fünfzehn Minuten.

Dann erzählte ich meinem Ex-Freund-Kissen, was mich verletzt hat. Ich teilte ihm meine Trauer, meine Verzweiflung mit. Auch das tat gut.

Danach schlug ich noch einmal fünf Minuten auf das Kissen ein. Und beschimpfte ihn wieder lautstark. Und ich konnte es kaum glauben: Es war tatsächlich noch Wut da!

Dann hörte ich mir fünf Minuten an, was mein Ex-Freund-Kissen mir zu sagen hatte. Ich hörte einfach auf die ersten Gedanken, die mir in den Kopf kamen. Konnte ich doch fühlen, wie schwer es ihm gefallen war, die Beziehung zu beenden, weil er mich nicht verletzen wollte – und noch vieles mehr.

Die Wut floss aus meinem Herzen heraus und machte Platz für Leichtigkeit und Vergebung.

Kindern können Sie eine Wut-Ecke im Wohnzimmer einrichten, zum Beispiel einen Korb mit Zeitungen, ein Handtuch mit einem Knoten oder Schreib- und Malutensilien.

Die Zeitungen werden mit den Kindern zusammen zerrissen. Legen Sie mehrere Zeitungen übereinander und zerreißen Sie diese mit Kraft und Spaß. Seien Sie ein Vorbild. Zerreißen Sie die Zeitungen, was das Zeug hält. Und sagen Sie laut dabei: „Ich bin wütend ... oh, ich bin so wütend!“ Bleiben Sie bei sich. Wenn Sie wütend über Ihren Chef sind, beginnen die Sätze mit: „Ich bin wütend über Herrn ... ,weil

... ‚und das macht ... mit mir.“ Lachen Sie auch mal zwischendurch (wenn Ihnen danach zumute ist), weinen Sie, leben Sie ihrem Kind Gefühle vor. Lassen Sie Ihr Kind die Erfahrung machen, dass Wut ein Gefühl ist. Punkt. Mehr nicht. Wir Menschen machen so viel Negatives daraus, weil wir nicht gelernt haben, damit umzugehen. Seien Sie gut zu sich und lassen Sie ihre Wut zusammen mit Ihrem Kind heraus. Es lernt, dass Wut sein darf. **Ist die Wut aus dem Bauch, wird Platz für ein anderes, schönes Gefühl da sein.** Leichtigkeit, Freude, Kraft. Nur Mut! Wut auf diese Weise herauszuzulassen tut Ihnen nicht weh – und anderen Menschen auch nicht. Aufgestaute Wut macht uns Menschen krank. Wir richten unsere Wut gegen uns selbst und fangen an, uns zu hassen.

Nachdem nun alle Zeitungen zerrissen sind, höre ich Sie schon sagen: „Oh, Gott, wie sieht denn das Zimmer jetzt aus!“

Kleine Heike: *„Ja, du hast ja schon ganz oft mit den Kindern in deinen Kursen dieses Spiel gemacht. Ich hatte so viel Spaß dabei! Und wir haben so viel miteinander gelacht. Weißt du noch, wie dich einmal ein Junge mit den Zeitungen beworfen hat und immer schrie: ;Ich bin so wütend! Ich bin so wütend!‘?“*

Ich: „Ja, das weiß ich noch. Wir standen uns wie zwei Kampfhähne gegenüber und haben uns angeschrien – und dann auch wieder gelacht.“

Kleine Heike: *„Und dann hast du die Tüten verteilt, und alle haben einen Wettkampf daraus gemacht. Jeder wollte dir zuerst seine volle Tüte geben.“*

Ich: „Ich erinnere mich noch gut daran.“

Eine andere Variante, die Wut herauszulassen, könnte sein, dass Sie mit einem Tennisschläger oder einem Handtuch mit Knoten auf eine Matratze schlagen. Wie früher beim Teppichklopfen.

Machen Sie bitte alle Wut-Übungen mit Ihren Kindern zusammen! Schicken Sie Ihr Kind nicht zum Wüten in sein Zimmer. Es braucht eine Anleitung, wie es das Ventil „Wut" öffnen kann.

Ich persönlich setze mich gerne ins Auto und schreie alles aus mir heraus oder gehe in den Wald, aufs Kornfeld oder eine Wiese.

Als eines Abends ein Streitgespräch zwischen meiner Tochter und mir aufkam und wir immer lauter wurden (und ich an die Nachbarn dachte), sagte ich zu meiner Tochter: „Stopp! Lass uns ins Auto gehen und eine Runde fahren. Dann können wir uns so richtig anschreien." Und das haben wir gemacht. Wir haben mehrere größere Runden mit dem Auto um unsere Wohnung gedreht. Als ich dachte, dass wir fertig sind, fragte ich meine Tochter: „Und, fertig?" Darauf sie: „Nein, dreh' noch eine Runde!" Danach kamen wir an unsere Gefühle, die sich hinter der Wut versteckten, und teilten sie uns mit. Es ging darum, nicht gesehen zu werden, um Angst und Schuld. Und meine Kritikerin meldet sich nun schon bei mir und möchte gleich etwas zum Thema „Schuld" sagen.

Dies war ein Beispiel für eine Wut-Entschlackung. Danach ging es uns beiden besser!

Und ich liebe meine Tochter dafür, dass sie mir die Erlaubnis gab, dies zu schreiben.

Vielleicht hören sich meine Ideen für Sie lächerlich an. Das macht nichts. Es darf sich lächerlich anhören. Gehen Sie ins

Tun, wenn Sie das Gefühl haben, dass eine Idee Sie anspricht. Ansonsten finden Sie gewiss noch eine andere Möglichkeit, Ihrer Wut freien Lauf zu lassen. Sie dürfen es mich gerne wissen lassen.

Über Schuld, noch einmal den Rucksack der Gefühle und die Kritikerin

Kritikerin: *„Ja, da kann ich jetzt mal was zu sagen!“*

Ich: „Nur zu.“

Kritikerin: *„Du gibst mir freiwillig das Wort? Das Lob ich mir! Die Schuld und ich sind gute Kumpels. Wir ergänzen uns so toll."*

Ich: „Wie meinst du das?"

Kritikerin: *„Nehmen wir mal das heutige Beispiel. Deine Tochter trifft sich mit mehreren Freunden zum Campen. Du bringst sie zum vereinbarten Treffpunkt. Kurze Zeit später ruft sie an, weil sie ihr Kopfkissen vergessen hat. Sie fragt dich, ob du ihr das Kissen bringen könntest. Du sagst nein. Sie möchte bitte fragen, ob noch jemand ein Kissen hat. Das ist der Fall. Du bist glücklich. Kurze Zeit später melde ich mich zu Wort: ‚Da hättest du ja noch hinfahren können! Jetzt muss sie auf einem Kissen schlafen, dass vielleicht viel zu hart ist.‘“*

Schlechte Mutter, gepaart mit Schuld: *„Oh, nein. Wie konnte ich vergessen, ihr das Kissen mitzugeben?“*

(Wohlgemerkt, meine Tochter ist siebzehn Jahre alt!)

Kritikerin: *„Siehst du, so geht das. Ein Satz von mir, und die Schuld ist perfekt.“*

Ich: „Ja, du hast recht. Es brauchte nur einen Satz. Und, bin ich zurückgefahren?“

Kritikerin: *„Nein. Ich hatte ja auch noch diesen Satz auf Lager: ‚Na, willst Du wieder springen, wenn deine Tochter dich ruft?‘“*

Ich lächele in mich hinein.

Ich: „ Das war ein guter Satz. Denn genau das möchte ich vermeiden."

Schuld, Wut, Trauer, Verzweiflung – das alles sind Gefühle, die Sie daran hindern, einen weiteren Schritt in Ihrem Leben zu gehen. Sie verharren in diesen Gefühlen. Nichts anderes ist mehr möglich.

Sagen Sie statt „Ich bin schuld daran, dass ..." lieber: „Ich habe die Verantwortung für ...". Das schwächt Sie nicht, und Sie können in Ihrem Leben weitergehen.

Ich hatte mich mit einem Freund verabredet und den Termin vergessen. Er rief mich an: „Ich bin in Münster. Wo bleibst du?" Und schon war da mein Schuldgefühl! Oh Gott, da stand er und wartete auf mich! Ist extra mit dem Fahrrad sechs Kilometer nach Münster gefahren! Und ich saß beim Abendbrot mit meiner Tochter und hatte ein ganz schlechtes Gewissen. Meine Tochter, damals sechs Jahre alt, sagte: „Mama, jetzt brauchst du dich auch nicht mehr schlecht zu fühlen. Er hat ja dort schon gestanden. Jetzt fährt Mark gerade nach Hause!" Ich sah meine weise Tochter an, und mir wurde klar, was sie soeben gesagt hatte. Stimmt! Es ist vorbei. O.k., ich habe die Wahl. Ich kann mich jetzt noch tagelang dafür verurteilen, was ich doch für ein schlechter Mensch bin, oder ich kann mich bei meinem Freund dafür entschuldigen und mit ihm einen neuen Termin ausmachen.

Ganz einfach! Tja, wäre da nicht der Rucksack mit meinen Erinnerungen und Glaubenssätzen, was ich doch wohl für ein schlechter Mensch bin. Also ran an den Rucksack, aufmachen, reinschauen, hineinfühlen. Und nachdem ich das getan hatte, konnte ich sehen, dass ich gar kein schlechter Mensch bin. Juhu!

Schuldgefühle – wie auch alle anderen Gefühle – können wir nur fühlen, wenn wir sie kennen. Das heißt – und auch das möchte ich noch einmal betonen –, jetzige Gefühle haben nichts mit dem Jetzt zu tun. Der Rucksack fängt an zu beben! **Eine Situation im Hier und Jetzt bringt uns die Möglichkeit, etwas aus der Vergangenheit zu heilen.** Wir können unsere Vergangenheit nicht mehr ändern. Jedoch das, was wir aus unseren alten Erfahrungen mit in die Gegenwart nehmen, kann geheilt werden.

Heute weiß ich, dass mit der Beendigung der Beziehung durch meinen Ex-Freund 2009 mein Rucksack gesprengt wurde. Oder anders gesagt, der Deckel sprang vom Topf. Das Ventil für unsagbar viele Gefühle hatte sich mit einem Schlag geöffnet.

Vier Monate habe ich geweint, gefühlt, mit Gott gehadert. Oft dachte ich, dass mein Tränenkanal längst ausgetrocknet sein müsste. Und dann kam auch schon die nächste Tränenflut. Das Schöne daran ist: Ich habe es überlebt! Ich konnte fühlen, dass sich die Gefühle wirklich nur einen Weg gesucht haben, um aus meinem Körper herauszukommen. Und glauben Sie mir, die meisten Gefühle hatten nichts mit der aktuellen Situation zu tun.

Da kamen die Wertlosigkeit und das Gefühl, versagt zu haben, die ich als Kind gefühlt hatte, wenn ich schlechte Zensuren mit nach Hause gebracht hatte.

Da kam das Sich-ungeliebt-Fühlen, wenn mein Bruder auf dem Schoß meiner Mama saß.

Da kam das Gefühl, nicht willkommen zu sein bei Männern, wenn ich als Kind das Gefühl hatte, dass mein Papa mich nicht wahrnahm.

Ich könnte noch unzählige Gefühle aufzählen. Und das Positive daran ist, je leichter mein Rucksack wurde, desto leichter wurde es in mir. Mein Bauch und mein Herz fühlten sich leichter an. Mein Herz hörte auf zu schmerzen, nachdem ich meine Wut an einem Kissen ausgelassen hatte. Ich fühlte mich leichter. Meine Lebensfreude kam langsam wieder zurück. Ich durfte mir noch einmal das sagen, was ich meinen Klienten sage: **„Wenn unterdrückte Gefühle gefühlt worden sind, machen sie Platz für schöne, neue Gefühle."** Und es stimmt.

Meine Kraft kam wieder. Je mehr ich aus meinem Rucksack herausholte, desto mehr kam ich bei mir und in meiner Liebe an. Dafür bin ich meinem Ex-Freund dankbar. Denke ich weiterhin wütend und hasserfüllt an ihn, kann ich die Liebe zu mir auch nicht fühlen. Weil die anderen Gefühle die Macht über mich haben.

Übung: Schuld-Entladung und Vergebens-Ritual

Wir verändern die Angst-Übung von vorhin zu einer Schuld-Entladung und zu einem Vergebens-Ritual.

Schritt eins könnte sein, dass Sie diese Übung erst einmal mit sich selbst machen, damit Ihnen bewusst wird, wann Sie sich schuldig fühlen.

Schritt zwei könnte sein, dass Sie sich Ihre Schuld vor dem Spiegel eingestehen, indem Sie sich in die Augen schauen.

Schritt drei könnte sein, Sie suchen sich eine Person aus, der Sie vertrauen. Es kann der/die eigene Partner/Partnerin sein, das muss jedoch nicht so sein. Sie sagen sich gegenseitig einige bewusst gemachte Schuldsätze. Hierbei setzen Sie sich gegenüber, schauen sich in die Augen und atmen bewusst tief ein und aus. So wie Sie es bei der Angst- bzw. Mut-Übung schon gemacht haben.

Jeder bekommt vier Minuten Zeit, seine Schuld auszusprechen. Einer spricht, der andere hört zu. Einer fängt an mit dem Satz: „Ich fühle mich schuldig, weil ...“.

Geben Sie sich auch hier wieder die Erlaubnis, die Schuld auszusprechen. Halten Sie die ganze Zeit Augenkontakt. Nehmen Sie sich Zeit, die Schuld zu fühlen. Atmen Sie tief ein und aus.

Ein Beispiel:

Ich fühle mich schuldig, weil ich die Beziehung zu meinem Freund beendet habe und sofort eine neue Beziehung eingegangen bin.

Nehmen Sie durch die Nase einen tiefen Atemzug in den Bauch und lassen Sie den Atem durch den leicht geöffneten

Mund wieder heraus. Bei der Einatmung hebt sich die Bauchdecke, bei der Ausatmung senkt sie sich.

Geben Sie sich die Erlaubnis, das Gefühl zu fühlen.

Ich fühle mich schuldig, weil wir damals zu meinem Ex-Freund gezogen sind und meine Tochter nicht aus ihrer vertrauten Umgebung heraus wollte, es aber musste.

Nehmen Sie durch die Nase einen tiefen Atemzug in den Bauch und lassen Sie den Atem durch den leicht geöffneten Mund wieder heraus. Bei der Einatmung hebt sich die Bauchdecke, bei der Ausatmung senkt sie sich.

Geben Sie sich die Erlaubnis, das Gefühl zu fühlen.

Schuld bringt auch Scham mit sich. Falls Sie sich jetzt schämen, Ihrem Gegenüber diese Sätze zu sagen, nehmen Sie es wahr. Nehmen Sie ihre Scham liebevoll an die Hand und erzählen Sie es Ihrem Gegenüber trotzdem. Erleichterung darf sich in Ihnen breit machen.

Jetzt sind Sie dran. Wofür fühlen Sie sich schuldig?

Nach vier Minuten wechseln Sie, lassen die andere Person sprechen und hören zu. Bleiben Sie die ganze Zeit im Augenkontakt. Atmen Sie bewusst tief ein und aus.

Danach verändern Sie den Satz in **Ich vergebe mir, dass ...**

Ein Beispiel:

Ich vergebe mir, dass ich die Beziehung zu meinem Ex-Freund beendet habe und gleich eine neue Beziehung eingegangen bin. Ich habe mich damals so einsam gefühlt.

Nehmen Sie durch die Nase einen tiefen Atemzug in den Bauch und lassen Sie den Atem durch den leicht geöffneten Mund wieder heraus. Bei der Einatmung hebt sich die Bauchdecke, bei der Ausatmung senkt sie sich.

Geben Sie sich die Erlaubnis, das Gefühl zu fühlen.

Ich vergebe mir, dass ich meiner Tochter so viel Neues aufgebürdet habe.

Nehmen Sie durch die Nase einen tiefen Atemzug in den Bauch und lassen Sie den Atem durch den leicht geöffneten Mund wieder heraus. Bei der Einatmung hebt sich die Bauchdecke, bei der Ausatmung senkt sie sich.

Geben Sie sich die Erlaubnis, das Gefühl zu fühlen.

Jetzt sind Sie dran:

Ich vergebe mir, dass ...

Nach vier Minuten wechseln Sie, lassen die andere Person sprechen und hören zu. Bleiben Sie die ganze Zeit im Augenkontakt. Atmen Sie bewusst tief ein und aus.

Die Schuldfalle

Dann gibt es ja noch Sätze, die fangen zum Beispiel so an: „Du bist schuld daran, Mama, dass kein Kind mit mir spielen wollte! Weil ich mich nicht dreckig machen durfte, habe ich nicht mit den anderen Kindern gespielt. Deshalb hatte ich keine Freundin und fühlte mich ganz allein."

Gerne wälzen wir als Kind und auch als Erwachsener Schuld auf andere ab. Die Umstände sind schuld, die Person ist schuld, das Auto ist schuld, die Welt ist schuld – und dann schnappt die Falle zu, weil wir uns als Opfer fühlen.

Machen Sie sich bitte Folgendes bewusst: **Sie sind verantwortlich für sich und auch für Ihre Gefühle.** Nach so vielen Jahren der Selbsterfahrung durfte ich manchmal zähneknirschend feststellen, dass ich erst einmal mir selbst vergeben durfte. Mir vergeben: für meine Sichtweise. Denn ich wollte unbedingt Recht behalten. Und ich hielt mich tapfer daran fest. Und es fiel mir so schwer, mich zu entschuldigen! Wie gesagt, ich wollte Recht behalten. Doch es machte mich nur härter und entfernte mich von meinen lieben Menschen um mich herum.

Bei meinem Beispiel hat die Mutter nicht damit gerechnet, was ihre Ermahnung – das Kind soll sich nicht dreckig machen – bewirken würde. Sie sah nur die Mehrarbeit. Punkt. Das Opfer bleibt weiterhin das Innere Kind in uns.

Vergebung ist sehr heilsam für uns. Wenn ich jemandem grolle, ist der Groll ja nur in mir. Die andere Person hat eine ganz andere Sichtweise auf einen Konflikt als ich.

Nur für den Fall, dass Sie der Meinung sind, diese Übung sei nichts für Sie: Holen Sie den Groll, die Schuld und die Scham aus Ihrem Rucksack und verschaffen Sie sich Erleichterung, indem Sie Vergebung üben, damit Sie immer besser über sich selbst denken und fühlen können. Denn in erster Linie geht es bei der Schuld oder bei der Vergebung um Sie.

Puh, so, nach den ganzen Gefühlen jetzt wieder ein wenig Leichtigkeit für Sie!

Vom Visualisieren und vom Umgang mit Körpersymptomen

Das Visualisieren kennen Sie schon im Zusammenhang mit den Affirmationen.

Sie wissen, dass innere Bilder, Worte oder Gedanken eine enorme Kraft in uns haben. Wir können mit Worten heilen oder zerstören.

Ich gehe gern in gedanklichen Kontakt mit meinen Körperteilen. In meiner Vorstellung spreche ich mit meinen Organen, Sehnen oder Muskeln. Ich gehe in einen Dialog. Bilder und Gefühle kommen dazu. Ein Film entwickelt sich vor meinen Augen. Eine Vision.

Mit dem folgenden Beispiel möchte ich Sie ermutigen, das Visualisieren auszuprobieren.

Ich bekam eine Schilddrüsenunterfunktion. Mein erster Gedanke war:

„Du musst für einige Zeit Tabletten nehmen. Du wirst sie wieder absetzen.“ Oh, ich wollte keine Tabletten nehmen! Meine Schilddrüse sollte einfach wieder gesund werden. Wieso machte sie denn so einen Ärger?!

Und ich weiß für mich, dass, wenn ich meinen Körper krank mache, ich ihn auch wieder heilen kann.

Also unterhielt ich mich mit meiner Schilddrüse. Ich kaufte mir eine Plüsch-Schildkröte, die diesen Platz einnahm, und setzte diese vor mich hin. Falls Sie denken, jetzt dreht sie durch, dann denken Sie das gern und lesen Sie weiter.

Ich unterhielt mich mit meiner Schildkröte. Sie erzählte mir von Unterdrückung, fehlendem Selbstwert, vom Nicht-Aussprechen, was ich fühle und denke. Sie weinte, ich weinte, wir weinten. Immer wieder ging ich gedanklich und bildlich zu meiner Schilddrüse. Gab ihr Aufmerksamkeit, Liebe, streichelte sie. Nahm die Tabletten. Es war ein Prozess von einem Jahr. Ich suchte mir eine Allgemeinmedizinerin, die mich dabei unterstützte, die Tabletten zu reduzieren und nach einiger Zeit ganz abzusetzen. Auch das war ein Prozess von mehreren Monaten. Und dann kam der Tag, an dem ich keine Tabletten mehr nahm – bis heute. Das ist jetzt sechs Jahre her. Ich gehe immer noch zur Kontrolle und bin im Kontakt mit meiner Schilddrüse. Und lesen Sie noch einmal den ersten Gedanken, den ich hatte: „Du musst für einige Zeit Tabletten nehmen. Du wirst sie wieder absetzen."

Es war ein innerliches Wissen, das ich hatte! Ich wusste für mich, dass der Tag ohne Tabletten kommen wird. **Ich vertraute mir**.

Was habe ich getan? Ich habe meine Selbstheilungskräfte aktiviert. Ich kann keinem Menschen versprechen, dass es bei ihm genauso funktioniert. Jedoch möchte ich jeden auffordern, liebevollen Kontakt mit sich aufzunehmen, und falls Sie krank sind, weiterhin zum Arzt oder Heilpraktiker zu gehen und sich jemanden zu suchen, der Sie auf diese oder ähnliche Weise unterstützen kann.

Auf den Palliativstationen höre ich häufig: „Dieser blöde Krebs! Der macht alles kaputt." Häufig möchte ich sagen: „Nein, es ist nicht der Krebs, der alles kaputtmacht." Viele Zeichen sind vor einer Krankheit da. Sich überarbeitet fühlen, unter Druck stehen, häufig für andere da sein, wenig Zeit für die Selbstfürsorge. Stress und negative Gefühle, die überhand nehmen. Ein ständiges sich selbst herunterputzen, Magenschmerzen, Rückenschmerzen, harte Muskulatur, Kopfschmerzen, sich Sorgen machen und noch mehr

Sorgen machen. Der Körper, die Seele, sie schicken Signale. Wir überhören sie. „Das wird schon wieder", höre ich häufig. Wir Menschen gehen zum Arzt, nehmen Tabletten. Mit den Tabletten wird das Symptom erst einmal behandelt, nicht jedoch die Ursache. Der Körper lässt sich neue Schmerzen einfallen. **Schmerzen sind eine Aufforderung an uns: Schau hin.** Es ist etwas aus dem Gleichgewicht geraten.

Eine Klientin kam zu mir und hatte Verspannungen. Zusätzlich zuckte ihre Schulter unkontrolliert. Sie erzählte mir vom vielen Druck im Studium. Sie war gut drauf und lächelte zu Fragen, bei denen ich nicht gelächelt hätte. Als ich ihr sagte, dass sie hier nichts wegzulächeln brauche, fing sie an zu weinen. Das Zucken bereite ihr viel Stress. Wenn das nicht aufhöre, würde sie ihr Studium an den Nagel hängen müssen. „Ich will, dass das mit Tabletten weggeht!"

Sie wurde im Krankenhaus auf den Kopf gestellt, es wurde nichts gefunden. Doch sie bekam Tabletten.

Was machen kranke Menschen? Sie reden über ihre Krankheit. Die Person wird gefragt: „Wie geht es dir?" Und dann wird erzählt, was die Krankheit alles mit einem macht. „Stell dir vor, durch diesen blöden Armbruch kann ich nichts mehr machen. Alles dauert länger, und dabei hab ich doch so viel zu tun!" Sie könnte jedoch auch sagen: „Ich war in den letzten Monaten so mit der Arbeit beschäftigt, dass ich mich gar nicht mehr wahrgenommen habe. Der Armbruch lässt mir Zeit, zu mir zu finden, und ich werde – mit den ganzen Unannehmlichkeiten, die ich dadurch habe – die Zeit für mich nutzen und viel chillen."

Die eigene Einstellung wird dementsprechend meine Gefühle beeinflussen. In dem Film „The Secret" erhielt ich noch einmal die Bestätigung. Gezeigt wird eine Frau, die sich nach der Diagnose Brustkrebs ausschließlich mit ihrer Genesung beschäftigt hat. Minute für Minute, Tag für Tag. Sie stellte sich vor, ja, malte sich regelrecht aus, was sie macht, wenn sie wieder gesund ist, schaute sich lustige Filme an, lachte viel. Nach drei Monaten war sie genesen. Wunder? Gibt es immer wieder. Will ich die Krankheit oder die Genesung fördern?

Der Körper hat ein Bild von einem gesunden Körper. Unsere innere Heilkraft richtet sich nach diesem Bild aus.

Und mal ehrlich: Sich vorzustellen, gesund zu sein, macht doch viel mehr Freude, als in die Krankheit zu investieren, oder? **Das, was ich denke, ist meine Überzeugung und spielt eine wichtige Rolle. Alles, was ich meinem Körper hineingebe, kommt auch wieder heraus.** Positive Gedanken gehen hinein, positive Gedanken kommen wieder heraus.

Manchmal hört sich das, was ich schreibe, einfach an. Manchmal ist es auch einfach, manchmal schwer. Das, was ich denke, ist meine Überzeugung, und die spielt eine wichtige Rolle in meinem Leben: Wenn ich glaube, dass es schwer geht, wird es auch so sein. Denke ich, dass es leicht geht, wird mir jede Hilfe zuteilwerden, die ich benötige, um es leicht zu haben.

Zur Übung „Visualisieren“ gehören insgesamt drei Aspekte:

1. Ich habe ein Bild von dem, wie ich sein oder was ich verändern möchte.
2. Der neue Glaubenssatz. Der Glaube, dass dieser neue Zustand (Gewichtsabnahme, Gesundheit, Nichtraucher werden usw.) schon eingetroffen **ist.**

3. Das überwältigende Gefühl erleben, wenn dieser neue Zustand zum Ist-Zustand geworden ist. Fühlen Sie sich in das Bild hinein: „Ich habe drei Kilo abgenommen und will so bleiben, wie ich bin." Sehen Sie sich im Spiegel mit flachem Bauch, straffem Po, dünneren Oberschenkeln usw. Fühlen Sie sich drei Kilo leichter. Kleben Sie sich einen Zettel mit dem Wunschgewicht auf die Waage. Jedes Mal, wenn Sie sich auf die Waage stellen, sagen Sie sich: „Super, ich habe meine sechzig Kilo schon erreicht! Juhu!" Gehen Sie in das Gefühl der Freude.

Und dann kommt das, was Geduld braucht. Bleiben Sie beharrlich bei Ihrem Gedanken. Glauben Sie an sich selbst! Es ist ja schon passiert. Wissen Sie noch? **Erst ist der Gedanke da, dann kommt die Umsetzung.**

Ihr Unterbewusstsein wird alles unternehmen, damit Sie die gewünschten Kilos abnehmen. Sei es, dass Sie – aus heiterem Himmel – den Gedanken bekommen, Sport zu treiben, sei es, dass Sie auf einmal die Ernährung umstellen.

Übung: das Visualisieren üben

Es gibt Menschen, die sehen mit geschlossenen oder geöffneten Augen Bilder oder Szenen. Es gibt Menschen, die fühlen die Bilder. Es gibt Menschen, die denken sich Bilder.

Alles ist o.k.

Ich werde in der jetzigen Übung beim Wort „vorstellen" bleiben. Ich bitte die Menschen, die sich Bilder denken oder fühlen, die Worte auszutauschen, zum Beispiel so: „Ich denke mir, dass ich drei Kilo abgenommen habe" oder „Ich fühle es in meinem Körper, dass ich drei Kilo abgenommen habe".

Suchen Sie sich einen Raum aus, in dem Sie ungestört sind. Schließen Sie die Fenster. Sorgen Sie für Stille. Machen Sie es sich bequem. Legen Sie sich auf den Rücken. Legen Sie sich ein Kopfkissen unter Ihren Kopf. Wenn gewünscht, decken Sie sich mit einer Kuscheldecke zu.

Nehmen Sie den Untergrund unter sich wahr. Wenn Sie bequem liegen, möchte ich Sie einladen, die Augen zu schließen. Nehmen Sie einen tiefen Atemzug durch die Nase in den Bauch. Atmen Sie tief ein. Atmen Sie durch den leicht geöffneten Mund wieder aus. Wiederholen Sie diese Übung sechs Mal. Tief in den Bauch einatmen, durch den leicht geöffneten Mund wieder ausatmen.

Stellen Sie sich vor, Sie haben eine Schale mit Erdbeeren vor sich stehen. Rote, saftige Erdbeeren. Ihnen läuft das Wasser im Mund zusammen. Freude macht sich in Ihnen breit. Fühlen Sie intensiv die Vorfreude. Sie schauen sich die Erdbeeren an und freuen sich auf den Geschmack in Ihrem Mund. Sie nehmen eine Erdbeere aus der Schale und riechen an ihr. Süßlich duftet es. Dann stecken Sie die wunderbare Erdbeere in den Mund und kauen genüsslich. Die

Erdbeere schmilzt auf Ihrer Zunge. Mmh, lecker. Sie greifen noch einmal in die Schale und holen sich eine zweite Erdbeere heraus. Auch diese Beere wird genüsslich und mit Freude verspeist. Durch das Visualisieren stärken Sie die bildliche Vorstellung, die Sie für das nächste Kapitel brauchen.

Positives Denken und was Sie damit tun oder lassen können – und was die inneren Stimmen dazu meinen

60.000 Gedanken pro Tag. Und? Können Sie mir nachmittags noch sagen, was Sie morgens gedacht haben?

Wie oft hören Sie sich sagen, dass Sie dies nicht können, das noch erledigt werden muss, und wie Sie sich dafür kritisieren, dass Sie es noch nicht erledigt haben? Wie oft am Tag sagen Sie sich, dass Sie eine schlechte Mutter, ein schlechter Vater, eine schlechte Geliebte, ein schlechter Geliebter sind? Wie oft malträtieren Sie sich selbst am Tag? Wie oft gehen Sie streng mich sich ins Gericht?

Und schon meldet sich die Kritikerin: *„Ja, das bin ich! Ich bin so gut! Ich komme so oft zu Wort. Ich glaube, ich bin die stärkste Stimme bei Heike! Und es macht so viel Spaß, bei ihr zu sein. Sie hat verschiedene Taktiken drauf. Wenn ich zum Beispiel ganz aktiv bin und ihr sage, dass dies falsch ist oder jenes falsch ist, fängt sie an, die anderen Menschen in ihrer Umgebung zu kritisieren. Meistens sind es ja ihre Tochter und ihr Partner. Dann ist sie so unzufrieden mit sich, und das ist allein mein Verdienst! Ich kann das so weit treiben, dass sie heult. Nicht, dass ich will, dass es ihr schlecht geht, aber das ist nun mal mein Job. Kritisieren. Und das mache ich verdammt gut!*

Eine andere Taktik ist, dass sie sich zurückzieht. Dann rede ich so stark auf sie ein, dass sie ganz still wird. Dann sage ich noch: Du kannst das nicht. Du verdienst das nicht. Du bist zu blöd dazu, und es ist perfekt. Mittlerweile wird sie dann auch ganz traurig und weint. Hach, und manchmal kann ich das auch nicht so gut haben. Aber das kommt selten vor.

Na ja und dann hat sie die Taktik, dass sie zu mir spricht. Die finde ich ja am schönsten: ‚Ich hab' dich gut gehört, Kritikerin', sagt sie dann. Und ich fühl' mich super! Ich werde gesehen und gehört. Ich meine, was will ich denn noch mehr? Das ist das, was ich will! Ach, Heike, wir sind schon ein gutes Team!"

Und wie oft **loben** Sie sich selbst?

Wenn wir erwachsen werden, erwarten wir insgeheim von den Menschen um uns herum (Partner, Mama, Papa, Freunde), dass sie uns sagen, wie toll wir sind. In der Verliebtheitsphase funktioniert das wunderbar. Da sagt uns der Prinz oder die Prinzessin, wie liebenswert, anmutig, schön und witzig wir sind. Verblasst die rosarote Verliebtheitsphase, werden wir innerlich wieder zu dem Aschenbrödel, das wir kennen. Doch es gibt eine Stimme in uns, die sagt: „Du musst mir sagen, wie schön ich bin, wie toll ich bin. Sonst fühle ich mich wie Aschenbrödel! Ich tu' auch alles dafür! Denn ich selbst kann mir das nicht sagen."

Wir fangen an, dem anderen einen Gefallen zu tun. Räumen seine/ihre Sachen aus dem Weg mit dem Gedanken: „Das hätte er/sie auch selbst machen können. Vielleicht sieht er/sie jetzt mal, was ich alles für ihn/sie mache. Dafür könnte er/sie mir auch mal sagen, was ich für ein/e tolle Frau/toller Mann bin." Wir bauen die Beziehung auf Erwartungen auf. Das Problem daran ist: **Erwartungen ziehen Enttäuschungen an.** Sie haben sich getäuscht, wenn Sie glauben, dass Ihr Partner/Ihre Partnerin auf einen Deal eingeht, zum Beispiel: „Ich räume für dich auf, und du sagst mir, dass ich das gut gemacht habe!"

Denn das Lob kommt oft nicht, und wir werden ärgerlich.

Oder das Lob kommt, und wir können es nicht annehmen:

„Ach, das ist doch nicht der Rede wert!“

Wer könnte Ihnen nun ganz ehrlich ein Kompliment machen?

Genau! **Sie** können sich ein Kompliment machen. **Sie** können sich sagen, dass Sie ein wundervoller Mensch sind, liebevoll und geduldig, mit einer inneren Schönheit.

Kritikerin: *„Positive Gedanken, das wirkt doch nicht! Da lügst du dir ja selbst was in die Tasche! Im Grunde weißte ja, dass das nicht stimmt.‚„Ich bin schön so, wie ich bin. “‘ Da lach’ ich doch! Schau noch mal auf deine Beine, meine Liebe ...“*

Und dann gibt es Menschen, die sagen: „Positive Gedanken werden Ihr Leben verändern!“

Kritikerin: *„Ausgemachter Blödsinn!“*

Inneres Kind: *„Ich werde gerne gelobt. Das macht mich so einzigartig. Ich fühl’ mich dann ganz toll und hab’ das Gefühl, ich bin ganz groß.“*

Perfektionistin (wird traurig): *„Ich werde so wenig gelobt und würde mir mehr Lob wünschen.“*

Antreiber: *„Ich könnte der Heike ja mal sagen, dass sie mehr loben soll.“*

Erschöpfte: *„Das ist viel zu anstrengend.“*

Neugierde: *„Ob es wirklich das Leben verändert? Das ist ja spannend!“*

Kritikerin: *„Spar dir die Mühe. Das ist sowieso Quatsch.“*

Ich sag es mal so:

Wenn Sie sich mit Ihren Gedanken herunterziehen und somit unzufrieden, missmutig, quengelig werden, können Sie bei sich etwas verändern. Denn: **Sie sind der Chef Ihrer Gedanken**.

Das heißt: Ich kann entscheiden, was ich denke. Nicht immer, aber bei regelmäßiger Übung immer öfter. Lieber hätte ich ja die Kontrolle über mein gesamtes Leben. Leider funktioniert das nicht. Mein Innerer Kontrolleur meint natürlich, dass das so nicht richtig ist. Damit er das Gefühl weiterhin behält, gebraucht zu werden, habe ich ihm Folgendes vorgeschlagen: „Lieber Kontrolleur, ich bitte dich, meine Gedanken zu kontrollieren. Achte darauf, dass ich gute und positive Gedanken in meinem Kopf habe."

Kontrolleur: *„Liebe Heike, damit hast du mir wahrlich eine Aufgabe gegeben. Ich muss zugeben: Ich komme mir vor, als würde ich noch einmal in die Schule gehen und die Schulbank drücken. So viele neue Gedanken! Und deine Kritikerin ist auch nicht ohne! Von Zusammenarbeit kann da leider nicht die Rede sein. Doch: I will do my very best!"*

Viele Menschen sind Tag ein, Tag aus unzufrieden, missmutig. So war auch ich. Oft habe ich mir gesagt: „Heike, du bist gesund. Du hast eine gesunde Tochter, einen liebenswerten Freund, eine tolle Familie, deine Selbstständigkeit läuft gut, dein Zuhause ist wunderbar, dein altes, geliebtes Auto fährt prima. Was willst du noch mehr? Warum bist du trotzdem nicht zufrieden?"

Ja, warum denn nicht? Ich war es so sehr gewohnt, negativ von mir zu denken. Alles zu kritisieren und schlecht zu machen. Es war zur Gewohnheit geworden!

In einem Buch las ich folgende Zeilen:

Ein Bauer stand morgens fröhlich auf, ging in den Stall und begrüßte seine Kühe mit einem Lachen. Worauf ihn ein anderer Mensch ansprach, wie er denn morgens um fünf

Uhr im Stall stehend schon so gut gelaunt sein konnte. Der Bauer antwortete: „Ich bin es so gewohnt!"

Das hat mich sehr nachdenklich gemacht, und ich habe diese Gewohnheit verändert.

Wie stehen Sie morgens auf?

Eine kleine Übung für Sie:

Ich stehe morgens auf und

____

____

____

____

____

____

Wenn es Ihnen jedoch schlecht geht, weil die Arbeit Sie auffrisst, die Gesundheit angeknackst ist, Sie angespannt und gehetzt wirken, Sie aus dem Weinen nicht mehr heraus kommen, Sie permanent wütend sind auf alles und jeden, dann würde ich Sie bitten, nach dem Grund zu suchen.

Warum lassen Sie sich von der Arbeit auffressen?

Ist es der Gedanke „Ich bin nicht gut genug"?

Warum ist die Gesundheit angeknackst?

Ist es der Gedanke „Ich habe keine Zeit, mich um mich zu kümmern“?

Warum komme ich aus dem Weinen nicht heraus?

Ist es der Gedanke „Ich schaff’ das alles nicht“?

Warum sind Sie permanent wütend auf alles und jeden?

Ist es der Gedanke „Herrgott, ich kann es eben nicht allen recht machen“?

Ist das der Fall, wird es Zeit, in den Rucksack zu schauen. Sich liebevoll anzuschauen, welche Stimme gehört werden möchte, welches Gefühl noch gefühlt werden möchte.

Wenn Sie diese Gefühle in Ihrem Rucksack lassen, dann setzen Sie einen positiven Gedanken auf einen negativen Gedanken. Doch der negative Gedanke schlummert unter dem positiven Gedanken und ist weiterhin aktiv.

Falls Sie schon mit positiven Gedanken arbeiten und sich nichts verändert, schauen Sie eine Etage tiefer nach in Ihrem Rucksack.

Der neugierige Teil in mir wollte es natürlich wissen. Funktioniert das mit dem positiven Denken wirklich? Ich fing an, alles Mögliche auszuprobieren. CDs und Bücher von Louise Hay und Dr. Joseph Murphy wurden gekauft. Sie wurden meine ständigen Begleiter. Beim Frühstück, beim Kochen, beim Wäschezusammenfalten, bei der Autofahrt, beim Lesen, zum Einschlafen, im Schlaf, beim Meditieren. Ich hörte Subliminals – Affirmationen, Glaubenssätze, die auf eine CD aufgenommen werden, immer leiser werden, und eine Musik, die erst im Hintergrund ist, dann aber immer mehr in den Vordergrund tritt. Unser Gehirn nimmt das Gesprochene weiterhin wahr. Ich sprach mir eigene Affirmationen auf eine CD. Mein Kontrolleur kannte kein Halten mehr.

Fasziniert hat mich beim Hören der CDs, dass ich kein unwichtiges Zeug mehr dachte, weil ich mich auf die CDs konzentrierte. Haben Sie Ihren Gedanken schon mal zugehört? Probieren Sie es gerne einmal aus.

Bei mir hört sich das so an:

Ich stehe auf. Ich hab' meine Schuhe viel zu weit vom Bett weggestellt. Soll ich jetzt schon Socken anziehen? Ach, ich gehe mal ins Bad. Toilettenpapier hat meine Tochter nicht nachlegt. Meine Fußnägel muss ich noch lackieren. Was liegt denn da unter der Heizung? Sind überhaupt Äpfel zum Frühstücken da? Ich muss unbedingt meiner Tochter sagen, dass sie saugen soll. Ich geh' mal wieder ins Schlafzimmer. Wo hab' ich denn meine Socken hingelegt? Und so geht es weiter, den lieben langen Tag. Und das meiste davon wird kommentiert und bewertet. Unwichtiges Zeug halt. Völlig unstrukturiert.

Mit den CDs konnte ich meine belanglosen Gedanken, die ja dann ins Unterbewusstsein gelangen, minimieren und bewusst meine Gedanken denken, die ja ebenfalls in mein Unterbewusstsein gelangen. Vier Monate dauerte dieses Experiment, und ich muss sagen: Es hat sich gelohnt! Ich habe angefangen, mich mehr um mich zu kümmern.

Mit dem Satz „Ich allein habe die Kontrolle über mein Essverhalten" habe ich gelernt, bewusster zu essen. Ich habe die Ernährung umgestellt. Das hat sich positiv auf mein Selbstwertgefühl ausgewirkt. Dies wiederum bewirkte, dass ich mit Sport anfing. Und das löste in mir Lob aus: „Das hab' ich heute wieder super geschafft!" Ich nehme mich wichtiger und bewusster wahr. Oft denke ich an den Satz: „Alles, was du in deinen Körper hineingibst, bekommst du auch wieder heraus."

Dieses Experiment hält auch jetzt noch an. **Es wird zur Gewohnheit, positiv zu denken.** Wie es der Bauer schon gesagt hatte.

Zwischendurch kam eine Phase, die nenne ich die Oh-Gott-so-darfst-du-nicht-denken-Phase. In dieser Phase habe ich mich schuldig gefühlt, weil ich dachte, ich sei ein schlechter Mensch, weil ich negative Gedanken denke, und ich würde das nie ändern können. Ich wurde wütend auf mich, weil alles so langsam ging. Auch hier habe ich mir meine Kritikerin und mein Inneres Kind, das Schwierigkeiten mit dem Lernen hatte, angeschaut. Ich habe aus den nicht-gefühlten Gefühlen gefühlte Gefühle gemacht, indem ich sagte: „Ja, Gefühl, du darfst da sein." Indem ich diese Zweifel und das Innere Kind wieder zu mir genommen habe, wurde ich gelassener. Bewusst machen durfte ich mir immer und immer wieder, dass ich in einem Lernprozess bin. Oft habe ich mir gesagt: „Das war jetzt ein alter Gedanke, und ich habe mich entschieden, nicht mehr so zu denken." Die Kunst war zu bemerken, wie alt dieses Gedankengut schon ist und dass es Zeit braucht, sich zu verändern.

Und dann gibt es Menschen, die sagen, dass Sie sich mit Ihren Gedanken Ihre Wirklichkeit erschaffen. Dass Sie mit Ihren Gedanken die Situationen, die Sie erleben, anziehen. Wie ein Magnet. Dass Sie Ihr eigenes Lebens-Drehbuch schreiben.

Sie rufen zum Beispiel unbewusst ins Universum: „Ich möchte gern die Erfahrung machen, wie es ist, mit wenig Geld zu leben."

Das Universum ist wie ein Geist aus der Flasche: „Dein Wunsch ist mir Befehl."

Plötzlich verlieren Sie Ihren Job, weil Ihr Unternehmen Konkurs angemeldet hat. Sie werden arbeitslos und müssen mit weniger Geld leben. Der Wunsch wurde erfüllt.

Auch bei diesem Beispiel: Denken Sie daran, dass wir zu 80 Prozent unbewusst handeln. Vielleicht gibt es eine Seite, die wir (unbewusst) noch nicht kennen, die jedoch diese Erfahrung machen wollte. Der Rucksack wird leichter, wenn Sie sich Dinge bewusst machen und dann liebevoll annehmen.

Zusätzlich sind da noch unsere sogenannten „Lebensthemen“. Wenn sich meine Seele vorgenommen hat zu erfahren, was Fülle ist, werde ich erst eine Mangel-Erfahrung machen dürfen, denn ohne die Mangel-Erfahrung kann ich die Fülle nicht erleben. Wir können die Sonne erst so richtig genießen, wenn wir wissen, wie sich ein kalter, nasser Regentag anfühlt.

Es kann sein, dass Sie ein Lebensthema haben, das immer wieder in Ihrem Leben auftaucht, wie bei einer Spirale, immer und immer wieder. Da nützt es nichts, sich das Leben mit positiven Sätzen schönzureden, denn im Hintergrund laufen negative Botschaften und nicht gefühlte Gefühle weiter ab. Auch hier geht es wieder darum, achtsam in seinen Rucksack zu schauen, sich nach und nach liebevoll ein schwieriges Gefühl aus dem Rucksack heraus- und es anzunehmen. So wird Ihr Lebens-Rucksack leichter. Sie werden dann bemerken, dass Sie zum Beispiel nicht mehr so lange an diesem Thema hängen bleiben, dass die Leid-Tage kürzer werden und Sie sich nicht herunterziehen lassen, dass Entscheidungen schneller gefunden werden, dass Sie Ihre Gedanken dementsprechend abwenden können. „Ich habe meine Lektion gelernt und kann nun weiter nach vorne schauen und mit positiven Gedanken in meinem Leben weitergehen."

Nachdem mein Ex-Freund die Beziehung beendet hatte und es mir Wochen und Monate so schlecht ging, habe ich mich natürlich gefragt: „Und das soll ich mir kreiert haben? Das war mein Drehbuch? Das gibt es doch gar nicht! Warum sollte ich mir so etwas antun?"

In meinem Drehbuch war ich Aschenbrödel (auch mein Lieblingsmärchen als Kind). Und da war es Zeit, aus Aschenbrödel die Prinzessin werden zu lassen. Aus der Krise heraus zu mir selbst zu kommen. In meine Verantwortung zu gehen, statt mich für die Beziehung aufzuopfern. Und das ist mein Lebensthema. Es begleitet mich immer noch, doch die Leid-Tage werden kürzer, ich steige schneller aus meiner Schuld- und Opferrolle heraus in die Verantwortung hinein. Dabei unterstützen mich positive Gedanken.

Auf den nächsten Seiten möchte ich Ihnen die Gelegenheit geben, Ihrem Drehbuch eine neue Richtung zu geben.

Nehmen Sie sich Zeit und lassen Sie Ihr bisheriges Drehbuch vor Ihrem inneren Auge Revue passieren.

Übung: Ich bin Drehbuchautor, Regisseur und Cutter

Wenn Sie Ihr Drehbuch schreiben, geht es darum, aus den alten Gewohnheiten herauszukommen. Statt immer wieder zum Beispiel die Erfahrung zu machen, nicht willkommen zu sein, stellen Sie sich vor, dass Sie willkommen sind, dass sich die Türen für Sie öffnen. **Es geht darum, sich neue wunderbare und wertvolle Chancen zu schenken,** indem wir „so tun als ob“.

Unser Gehirn denkt in Bildern und behält immer das letzte Bild zu einer Situation im Kopf. Ein neues Bild setzt sich sozusagen auf das alte Bild. Wenn auf einem Acker ein Neubaugebiet entsteht, frage ich mich oft später: „Wie sah es nochmal ohne diese Häuser aus?“ Diese Strategie nutzen wir, um ein neues Drehbuch über das alte zu schreiben.

Bevor Sie loslegen, stellen Sie sich bitte noch folgende Fragen:

(Ich setzte bei den folgenden Fragen bewusst eine Bewertung, damit klar wird, was Sie verändern wollen.)

- Welche negativen Verhaltensmuster habe ich?
- Welche negativen Denkmuster kenne ich von mir?
- Welches negative Gefühl dominiert in meinem Leben?
- Was macht mir Angst?
- Was macht mich unglücklich?
- Welcher negative Glaubenssatz ist noch aktiv in mir?

  (Wenn Sie den Glaubenssatz haben: „Ich verdiene kein besseres Leben“, wird das Gute es schwer haben, sich in Ihrem Leben zu realisieren.)

- Was fehlt in meinem Leben?

  Und die wichtigste Frage:

- Bin ich bereit, mein altes Drehbuch loszulassen?

Wenn Sie Ihr altes Drehbuch gern noch behalten möchten, akzeptieren Sie die Situation. Lieben Sie sich dafür, dass Sie es noch behalten möchten. Ein Teil in Ihnen braucht das alte Drehbuch noch.

Fragen Sie sich: „Geliebter Teil, welchen positiven Aspekt siehst du in dem alten Drehbuch? Welchen Nutzen hast du davon?"

Es kann zum Beispiel sein, dass, wenn Sie leiden, Sie das Mitleid Ihrer Mitmenschen bekommen und das wichtig für Sie ist. Es kann sein, dass Sie die Erfahrung gemacht haben, Aufmerksamkeit zu bekommen, wenn es Ihnen nicht gut geht. Es kann vieles sein. Machen Sie sich bewusst, was es ist.

Stellen Sie sich die Frage: „Was habe ich davon, das alte Drehbuch zu behalten?"

Nehmen Sie die erste Antwort, die Ihnen in den Kopf schießt. Der erste Gedanke kommt intuitiv und ist der richtige Gedanke. So schnell kann unser Verstand nicht reagieren. Unser Verstand fängt sofort an zu zweifeln, abzuwägen.

Die Antwort kommt aus dem Gefühl heraus. Und wenn Sie die Antwort haben, fühlen Sie diese Antwort und gehen Sie mit ihr in Kontakt. Bejahen Sie die Antwort. Ohne sich zu verurteilen. Lieben Sie sich dafür, dass es so ist, wie es ist. Ich weiß, dass es schwierig ist, und dennoch geht es. Bleiben Sie am Ball!

Mir ist es wichtig, dass Sie liebevoll mit sich umgehen. Dass Sie hart und unnachgiebig mit sich selbst umgehen, kennen Sie gut, und es hat Ihnen wenig Gutes gebracht. **Es ist die Liebe, die heilt.**

Manchmal hilft es, das alte Drehbuch aufzuschreiben, um es dann in einem Feuer-Ritual loszulassen. Verbrennen Sie es – und schreiben Sie Ihr neues Drehbuch.

Wenn Sie Ihr altes Drehbuch losgelassen haben, treffen Sie eine innere Entscheidung für sich, dass Sie bereit sind, ein neues zu schreiben.

Dann nehmen Sie ein neues Blatt und fangen Sie an zu fantasieren. So wie Kinder es tun. Bei den Kindern fängt ein Spiel häufig mit dem Satz an: „Ich bin jetzt mal ...“.

Wie schon gesagt: Tun Sie mal „so als ob“ – Sie können nur gewinnen!

Wie wollen Sie leben? Was wollen Sie fühlen? Möchten Sie Reichtum, inneren wie äußeren? Begeben Sie sich in ein Abenteuer. Denken Sie daran, Sie schreiben Ihr Drehbuch. Falls Ihnen beim Durchlesen hinterher etwas nicht gefällt, verändern Sie es. Schreiben Sie Ihr Drehbuch bitte in der Gegenwart. Es ist schon eingetroffen. „Ich bin liebenswert, ich bin reich, ich bin ...“. Und wenn Ihr Drehbuch fertig ist, wie fühlen Sie sich? Fühlen Sie Leichtigkeit, Liebe, Glück? Nicht? Na, dann verändern Sie es noch einmal. Als Cutter können Sie Passagen herausschneiden und neue einsetzen.

Lesen Sie sich Ihr Drehbuch täglich durch, stellen Sie sich möglichst authentisch vor, wie Ihr Leben aussehen soll. Seien Sie Ihr eigener Regisseur. Hängen Sie den Zettel in Ihrem Zuhause auf, schauen Sie immer wieder darauf. Ach, ich bin schon ganz euphorisch, wenn ich das aufschreibe!

Ja, natürlich habe ich es auch ausprobiert. Vieles ist schon eingetroffen. Einige Lieferungen brauchen noch Zeit, weil ich die Zeit brauche, mich zu verändern.

Und nachdem Sie sich ein wunderbares Drehbuch geschrieben haben, möchte ich Ihnen das gesprochene Wort näherbringen. Wenn wir mit unserem neuen Drehbuch im Kopf in Kontakt mit unserer Familie kommen, ist es sehr hilfreich zu schauen, wie wir kommunizieren. Ich möchte Ihnen näherbringen, wie das Wort bei anderen Menschen ankommt.

Kommunikation mit meinen Fahrgästen – und was ich Ihnen noch über Kommunikation mitteilen möchte

Ich steige in meinen Bus der Stimmen ein.

Ich: „Ich möchte gerne über Kommunikation schreiben. Hat jemand einen Gedanken dazu?"

Einige schweigen. Einige schauen mich mit großen Augen an. Einige blicken nach oben, pfeifen vor sich hin, tun so, als hätten sie mich nicht gehört. Ich selbst finde die Reaktionen sehr sonderbar. Trauer macht sich in mir breit.

Kleine Heike: *„Is' kommunizieren, dass alle miteinander reden?"*

Ich: „Ja."

Kleine Heike: *„Ich auch?"*

Das ist also meine Trauer.

Ich: „Ja, du auch."

Die Kleine Heike sitzt hinten im Bus. Ich kann sie kaum sehen. Sie ist etwa zwei Jahre alt, hat ein weißes Kleid an und rote Lackschuhe.

Ich: „Magst du zu mir auf den Schoß kommen?"

Die Kleine schüttelt den Kopf. Ich warte.

Kleine Heike: *„Ich darf nicht immer reden, wenn ich will. Das will der Papa nicht. Der will seine Sportschau gucken. Und das macht mich so traurig, weil dann muss ich gleich ins Bett, und dann hab ich gar nichts von meinem Papa."*

Sie weint.

Kleine Heike: *„Er fehlt mir so. Dann muss ich ihn auch noch mit Mama und meinen Geschwistern teilen. Da bleibt kaum* *noch Zeit für mich und meinen Papa. Und wenn ich dann mein Buch nehme und zu ihm gehe, schimpft er mit mir und sagt, ich soll zu meiner großen Schwester gehen. Die kann aber noch nicht so gut lesen. Und die ist auch nicht mein Papa."*

Sie schluchzt jetzt. Der Beschützer ist bei ihr und legt ihr die Arme um die Schultern.

Beschützer: „Ich beschütz' dich. Ich passe gut auf dich auf. Kein Mann wird dir noch einmal weh tun."

Und er zieht auch hier eine Mauer zwischen der Kleinen und den Männern hoch.

Diese Zurückweisung trifft mich tief in meinem Herzen. Und der Beschützer macht seine Arbeit wieder sehr gut. Diese Mauer kenne ich so gut. Das Nähe-Distanz-Spiel, wie ich es nenne. Der innere Schrei in mir: „Ich brauche Liebe. Komm mir näher!" Ist der Mann dann da, kommt die Angst und damit die Mauer: „Huch, das ist viel zu nah! Gleich kommt die Zurückweisung, und dann schmerzt mein Herz wieder so sehr."

Also halte ich mir die Männer auf Abstand. Doch meine Sehnsucht nach Nähe ist so unglaublich stark. Sie lässt die Mauer bröckeln. Der Beschützer ist entsetzt. Er steht da, mit Besen und Kehrblech, und sammelt die Steine ein: *„Die schöne Mauer!"*

Ich gehe durch den Bus zu der Kleinen Heike und setze mich neben sie.

Kleine Heike: *„Mein Papa fehlt mir so doll !"*

Ich nehme sie in den Arm und lasse sie weinen. Mir laufen die Tränen, und ich atme tief ein und aus, während ich diesen Prozess aufschreibe. In meiner Vorstellung steht hinter mir ein Engel, der mir liebevoll über mein Haar streicht. Es wirkt beruhigend auf mich. Ich fühle mich getröstet und gesehen mit meinem Schmerz. Die Kleine auf meinem Schoß beruhigt sich. Hört auf zu weinen.

Kleine Heike: *„Darf ich sagen, dass mir mein Papa fehlt?“*

Gerührt schaue ich sie an: „Ja, mein Schatz, dass darfst du.“

Die Kleine Heike steht auf und holt ein Buch. *„Liest du mir was vor?“*

Ich lächele und lese ihr aus dem Buch vor.

Die Gute Mutter in mir: *„Das hast du gut gemacht, Heike. Ich danke dir für den Trost.“*

Kritikerin: *„Das wird wieder so eine endlose Kommunikation!“*

Ich: „Möchtest du gerne einen Kommentar für unser Buch abgeben?“

Kritikerin: *„ Nö, eigentlich nicht. Ich wollte mich nur kurz zeigen.“*

Ich: „Prima. Ist angekommen. Möchte noch jemand einen Kommentar abgeben?“

Die Kritikerin ist etwas beleidigt und setzt sich nach hinten. Sonst sitzt sie ja auch gern am Steuer. Ich lasse sie mal grummeln.

Schulkind: *„Ich find' Kommunikation immer sehr schwierig. Die Wörter rutschen immer so schnell aus meinem Mund raus. Ich habe Angst, etwas Falsches zu sagen oder den anderen zu verletzen. Da zieh' ich mich lieber zurück.“*

Ich: „Hast du schon mal so eine Erfahrung gemacht?“

Schulkind: *„Ja.“*

Pause.

Ich: „Möchtest du davon erzählen?"

Schulkind: *„Nein."*

Ich: „ Ist es so peinlich?"

Schulkind: *„Ja."*

Ich: „O.k.. Brauchst du etwas von mir, damit du den Mut findest, es zu erzählen?"

Schulkind: „Ja. Deine Hand."

Ich setze mich neben sie und reiche ihr meine Hand. Sie nimmt sie und schweigt. Sie dreht an den Ringen an meinen Fingern. Ist sich noch sehr unschlüssig, ob sie erzählen oder doch lieber schweigen soll. Sie schaut mich von der Seite her an. Ich lächele sie aufmunternd an.

Schulkind: *„Ich hab' mal was Falsches erzählt. Ich habe gelogen. Die Lehrerin in der Schule fragte morgens immer, ob jemand Geburtstag hätte, und da hab' ich eines Morgens gesagt: ‚Ja, ich!' Dabei hatte ich gar nicht Geburtstag. Und ich bin nach vorne gegangen, und sie hat mir gratuliert, und ich brauchte keine Hausaufgaben zu machen."*

Ich lächele in mich hinein. Ich kann mich noch gut an die Situation erinnern. Woran ich mich jedoch nicht erinnere, ist meine große Scham, die damit verbunden ist.

Schulkind: *„Dann kamen meine Freundinnen und gratulierten mir und fragten, wann ich denn feiere und wen ich einladen würde."*

Jetzt kann ich die Verzweiflung in ihr fühlen. Das Gefühl, an der Wand zu stehen, wie gelähmt zu sein. Die Angst aufzufliegen. Was würde die Mama wohl sagen, wenn alle mitkämen? Pure Panik ist in mir zu fühlen. Was ist, wenn der Schwindel auffliegt?

Wieder sitze ich, während ich schreibe, und atme tief ein und aus. Fühle das Gefühl und lasse es heilen.

Schulkind: *„Ich hab' dann nur die Moni eingeladen, und weil sie kein Geschenk auf die Schnelle hatte, hat sie mir Obst mitgebracht. Wir haben in der Garage gefeiert."*

Ich: „Ich danke dir, dass ich das in diesem Buch verwenden darf. Und weißt du was?"

Schulkind: *„Was denn?"*

Ich: „Ich glaube, die Lehrerin wusste ganz genau, wann ihre Schützlinge Geburtstag haben, und sie hat den Schabernack mitgemacht."

Schulkind: *„Meinst du wirklich?"*

Ich nicke.

Das Schulkind lächelt.

Das Schulkind und die Kleine Heike bekommen anerkennende Blicke von den anderen Fahrgästen. Sie werden für ihren Mut beklatscht und umjubelt. Die beiden Kleinen fühlen sich großartig und baden in der Anerkennung!

Ich traue mich gerade gar nicht, die Frage zu stellen: „Hat noch jemand einen Gedanken, den er mir mitteilen möchte?" Dann könnte die Kritikerin Recht haben, und das Thema Kommunikation würde endlos werden.

Hach, jetzt müssten Sie mal meine Kritikerin sehen! Groß, wissend, lächelnd steht sie vor mir: *„Tja, hab' ich doch gesagt. Aber auf mich hörst du ja nicht!"*

Nach diesen Prozessen wird mir ganz bewusst, dass **unser Umgang und unsere Erfahrung mit der Kommunikation sehr prägend sind**. Durch die damalige Zurückweisung wird mir jetzt klar, warum ich wenig über meine Gefühle und Bedürfnisse gesprochen habe. Wenn eine unserer inneren Stimmen, in diesem Fall der Beschützer, eine Mauer hochzieht, stehen auf der einen Seite die Menschen, und auf der anderen Seite stehe ich – allein. Puh, gut, dass ich das jetzt verändert habe! Leute, ich komme!

So, jetzt noch einmal zum letzten Teil der Überschrift: **was ich Ihnen noch über Kommunikation mitteilen möchte.**

Wussten Sie, dass Sie immer kommunizieren? Auch ohne zu sprechen? Nicht? Jetzt wissen Sie es. Sie kommunizieren non-verbal. Mit Gesten, mit den Augen, mit der Mimik, der Körpersprache. Sie können nicht nicht kommunizieren.

☺ ☹

Was glauben Sie, welches Bild sollte an Ihrem Spiegel im Badezimmer hängen? Mit welchem Bild geht es Ihnen besser?

Und es ist nichts gesagt worden ...

Wenn ich in das Zimmer meiner Tochter gehe und sehe, dass es unordentlich ist, und wenn meine Tochter dann mit den Augen rollt – und sie hat ja keinen Ton gesagt – könnte ich schon explodieren. Dabei hat sie nur mit den Augen gerollt. Angekommen ist Folgendes bei mir: „Ach, die schon wieder mit ihrem Aufräum-Tick!" Und obwohl keiner etwas gesagt hat, liegen wir uns schon in den Haaren.

Bei mir tauchte die Frage auf: „Wieso ist das so"? und ich machte mich schlau.

Es gibt ein sehr bekanntes Kommunikations-Modell von Friedemann Schulz von Thun: das Vier-Kanäle- und Vier-Ohren-Modell. Wir senden auf vier verschiedenen Kanälen und hören mit vier verschiedenen Ohren. Die Kanäle heißen

- Sachebene
- Selbstoffenbarung
- Beziehungsebene
- Appell

Die **Sachebene** sagt aus, wie es ist. Reine Fakten und Daten.

In der **Selbstoffenbarung** vermittelt der Sprecher – bewusst oder unbewusst – etwas über sein Selbstverständnis, seine Motive, Werte oder Emotionen.

Die **Beziehungsebene** zeigt deutlich, was der Sender vom Empfänger hält.

Der **Appell** fordert den Empfänger auf, etwas zu tun.

Das heißt: Der Sender gibt vier Botschaften von sich, und gleichzeitig kommen vier Botschaften beim Empfänger an.

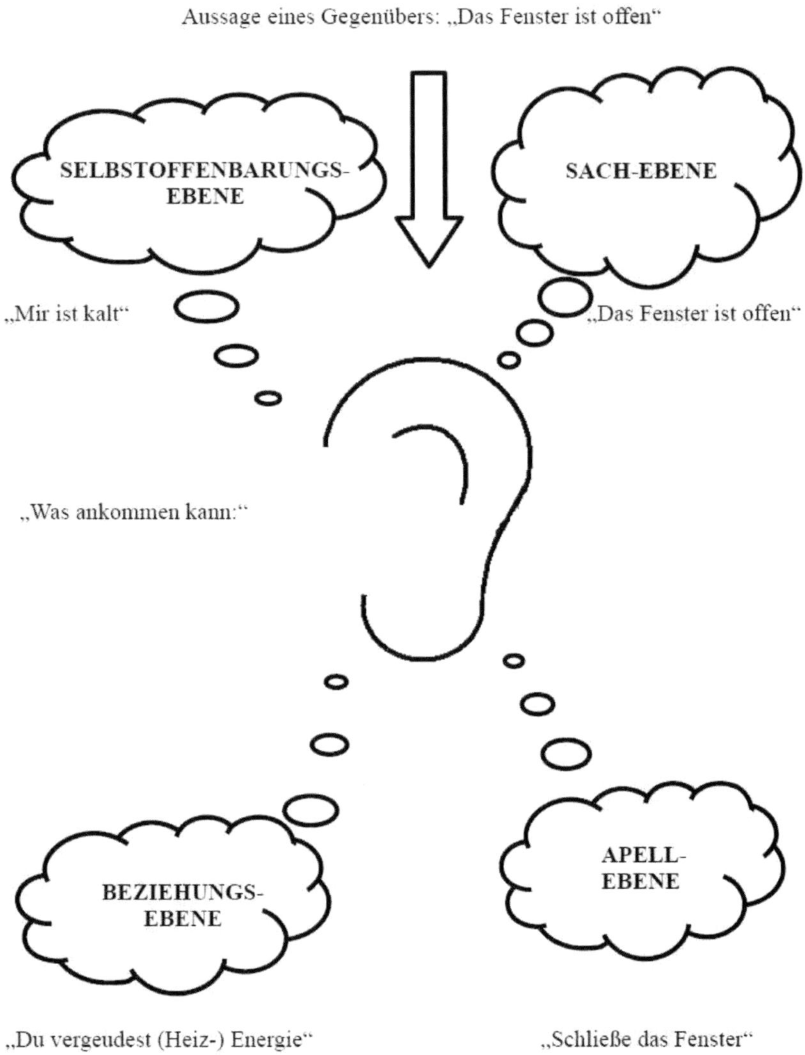

(Die Abbildung zeigt das Kommunikationsmodell nach Friedemann Schulz von Thun, gezeichnet von Sebastian Lange)

Jetzt können Sie sich bestimmt vorstellen, warum mancher Satz ins „falsche Ohr“ kommt. Wenn wir uns das verdeutlichen und versuchen, erst einmal nur auf der Sachebene zu verstehen, können wir vielen Streitereien aus dem Weg gehen.

Mein ehemaliger Mann und ich hatten oft das Beziehungs-Ohr offen. Wir „hörten“ viele Du-Botschaften aus dem Gesagten des anderen heraus und gerieten dann aneinander. Ich dachte auch oft, dass er eine ganz andere Wahrnehmung hat als ich oder ich als er. Als ich mir angewöhnt hatte zu fragen: „Wie meinst du das?“, haben sich unsere Gespräche entspannt. Ich konnte mich zurücklehnen und denken: „Ach, so meint er das. Das hat ja gar nichts mit mir zu tun!“ Ich brauchte nicht in die Verteidigung und somit gleichzeitig in den Angriff zu gehen. Mir hat diese simple Frage viel Erleichterung gebracht.

Ich möchte Ihnen gerne eine Übung zeigen, die mich geschult hat zuzuhören.

Übung: für die Ohren, das Mitgefühl, das Miteinander

Setzen Sie sich Ihrem Partner/Ihrer Partnerin gegenüber. Eine Person erzählt von ihren Sorgen, ihrem Erlebten, von dem, was sie bewegt. Die andere Person hört zu. Zuhören passiert mit den Ohren. Der Mund bleibt geschlossen.

Vereinbaren Sie eine Redezeit, zum Beispiel fünf oder zehn Minuten. Stellen Sie einen Wecker. Jeder teilt sich mit. Bitte vermeiden Sie Stellungnahmen zu dem Gesagten der Person, die sich gerade mitgeteilt hat. Angriffe, Trotzreaktionen, Kommentare, Lösungen sind hier fehl am Platz. Diese Übung dient dem Zuhören, dem Reflektieren des Gesagten und dem Lernen, den anderen aussprechen zu lassen. Falls Ihnen das schwer fällt, können Sie einen Gegenstand in die Hand nehmen und vereinbaren, dass die Person redet, die den Gegenstand in der Hand hält. Mein Freund und ich haben einen Sprechvogel aus Plüsch. Wenn er am Kopf gedrückt wird, lacht er. So haben wir auch in brenzligen Situationen manchmal ein Lächeln auf den Lippen.

Danach gehen Sie auseinander und lassen das Gesprochene wirken. Kein „Ja, aber ...“. Danken Sie einander fürs Zuhören.

Treffen Sie sich am nächsten Tag, um das Gesprochene zu besprechen, wenn es dann noch notwendig ist. Meistens geht es uns besser, wenn wir aussprechen können, was uns bewegt.

Dem anderen mitzuteilen, wie man sich gerade fühlt, fällt nicht gerade leicht. Es braucht Übung. Um das Mitgefühl und das Miteinander zu fördern, können Sie regelmäßig einen solchen Austausch in die Woche einplanen. Das wiederum fördert mein nächstes Thema.

Intuition: Bauch oder Kopf?

So oft gehört: Bauchgefühl.

Kannte ich nicht.

Der erste Gedanke? Ach, der ist auch schnell wieder weg.

Das Bauchgefühl konnte mir niemand genau erklären. „Es fühlt sich richtig an", „Es fühlt sich leicht an", das waren Äußerungen, die ich hörte. Aber wenn jemand, der nicht fühlt oder fühlen will, dies gesagt bekommt, kann er nichts damit anfangen.

So ging es mir. Intuition war ein Fremdwort für mich. Wie habe ich dann Entscheidungen getroffen? Ein Arbeitsverhältnis gekündigt und eine neue Stelle angefangen? Ich habe nicht darüber nachgedacht. Ich habe einfach gemacht. Und die meisten Entscheidungen waren gut. Nicht alle, jedoch die meisten.

Vor Jahren habe ich dann in einem Spiel die Erfahrung machen dürfen, dass es ein Bauch-Gedächtnis und ein Kopf-Gedächtnis gibt. Da es mir damals noch schwer fiel zu fühlen, habe ich mich auf mein Kopf-Gedächtnis konzentriert und mich darin geschult, einer plötzlichen Eingebung, einem neuen Gedanken, einer neuen Idee oder einer bildlichen Vorstellung zu vertrauen. Hierauf folgte ein gutes Gefühl in meinem Körper. Ich schulte somit meine Gedanken- und Gefühlswelt.

Ein Beispiel:

Ich hatte den Gedanken, mich mit mobilen Massagen selbstständig zu machen. Ein Bekannter von mir war so freundlich und gab meine Bewerbung in seiner Firma ab. Diese zeigte sich interessiert, und man lud mich zu einem

Vorstellungsgespräch ein. Und es klappte! Ich bin meinem Gedanken gefolgt!

Die Information, dass diesbezüglich in dieser Firma eine Ausschreibung und mehrere Vorstellungsgespräche stattgefunden hatten, fehlte mir. Der Gedanke war zum richtigen Zeitpunkt gekommen.

Über diese Firma kam eine andere Firma auf mich zu, dann noch eine – und so weiter. Ja, ich höre Sie schon wieder sagen: „Ach, das war nur Zufall!“ Nennen wir es gern Zufall. Dann war ich gerade da und habe das, was mir zugefallen ist, aufgefangen. Wie Sie es nennen, ist egal, Hauptsache, Sie folgen Ihrem ersten Gedanken bzw. nehmen ihn überhaupt wahr.

Mittlerweile habe ich es mir zum Grundsatz gemacht, dass Gegebenheiten leicht sein dürfen. **Von allem, was schwer geht, lasse ich die Finger.** Warum auch immer. Das spielt keine Rolle.

Ich hatte in einer Firma ein Angebot über mein Seminar „Werkzeugkoffer Entspannung“ abgegeben. Es wäre ein toller Auftrag geworden. Ich hätte mehrere Tausend Euro verdient. In mir machte sich sofort Freude breit. Ich lief grinsend durch meine Heimatstadt. Doch es gestaltete sich keineswegs leicht. Die Gespräche zu meinem Angebot wurden abgesagt. Der Chef hatte Bedenken, die Zeit kam ins Spiel, das Honorar sollte noch abgeklärt werden. Also setzte ich mich hin, horchte und fühlte in mich hinein. Was ich dort fand, erschreckte mich: Misstrauen, ich fühlte mich als Spielball zwischen den beiden Chefs, ein Machtspiel. Hey, ich wollte kein Spielball sein!

Ich wollte jedoch das Geld verdienen. Also schob ich meinen Gedanken und mein mittlerweile mulmiges Gefühl

(„Es läuft keineswegs leicht, Heike“), beiseite und versuchte es noch einmal. Bis ich symbolisch vor verschlossener Tür stand. Wir hatten einen losen Termin vereinbart, und ich stand vor verschlossener Tür. „Die Tür ist zu, Heike! Wie oft willst du es noch überhören?“ Endlich hatte ich es verstanden! Endlich nahm ich die Situation an, wie sie war. Und es machte sich Trauer breit. Ach, das schöne Geld! „Das Leben geht auch weiter ohne das Geld“, sagt eine Stimme in mir. Ja, aber ...

Heute bin ich froh und dankbar für diese Erfahrung. Sie können sich gewiss vorstellen, unter welchen Voraussetzungen die Entspannung stattgefunden hätte!?

Noch etwas übe ich immer häufiger: **„Überprüfe deine Motivation bei den Situationen.“** Also: Aus welchen Beweggründen tue ich etwas? Es ist wichtig, dass ich ehrlich zu mir selbst bin, meine Gefühle dazu wahrnehme, sie zu mir nehme. Ohne mich dafür zu verurteilen, dass ich es nur des Geldes wegen getan hätte.

Anfangs dachte ich bei diesem Buch: „Ich werde reich. Das wird ein Bestseller! Und mit dem Geld kann ich ...“

Jetzt, beim Schreiben, hat sich meine Motivation verändert. Heute will ich der Welt meine Gedanken schenken. Heute möchte ich mich Ihnen mitteilen und freue mich darüber, dass Sie weiterlesen. Heute bin ich dankbar für meine Erfahrungen und dafür, sie mit Ihnen zu teilen. Und wenn Sie dann auch nur einen Gedanken oder einen Satz, den ich schreibe, in Ihrem Leben umsetzen und nutzen können – ach, da macht sich so viel Freude in mir breit, und mein Herz wird weit. Und natürlich darf das Buch ein Bestseller werden ...

Der Intuition zu vertrauen, bedeutet auch loszulassen. Aus der Komfortzone herauszukommen. Dinge zu tun, bei denen andere denken und sagen: „Überleg doch noch mal." Bei sich bleiben. Vertrauen.

Je mehr ich mich mit meiner Intuition beschäftigte, desto häufiger stellte ich mir vor, dass ich mich bei ganz kniffeligen Fragen oder Problemen mal an Gott wenden könnte. Als eine Art Intuition; den ersten Gedanke wahrzunehmen. Ich stellte mir vor, wie eine Strickleiter in den Himmel reichte und ich dort oben durch viele Gänge ging, um zu Gott zu kommen. Wenn ich ihn dann gefunden hatte, setzten wir uns an einen Tisch und fingen an, miteinander zu sprechen. So fragte ich Gott einmal nach meiner Berufung, und er gab mir folgende Antwort: „Bring mir Sterbende nach Hause!" Ich weiß noch, wie ich gesagt habe: „Nee, nee, da such' dir mal etwas anderes für mich aus! Ohne mich!" Und Gott fand einen Weg für mich, um mir meinen Auftrag so schonend wie möglich näherzubringen, indem er mich als Verwaltungsangestellte in einem Hospiz unterbrachte. Jahre zuvor hatte ich eine Ausbildung als ehrenamtliche Hospizbegleiterin gemacht und dem Ausbilder, der auch Chef des Hospizes ist, mitgeteilt, dass ich an einem Bürojob interessiert sei.

Auch hier bin ich meinem Gedanken, meiner Eingebung gefolgt und habe mein Interesse ausgesprochen. Ich weiß noch, dass er sagte: „Tja, zur Zeit haben wir leider keine freien Stellen." Ich antwortete: „Na, jetzt weißt du ja, dass ich Interesse habe. Mal sehen, was passiert." Ein Jahr später rief er an und bot mir eine Halbtagsstelle am Empfang an. So wurde ich immer vertrauter mit den Sterbenden, dem Sterben, mit den Angehörigen, mit der Trauer, mit der Wut, mit der Verzweiflung, mit den Tränen.

Eines Tages kam die Pflegedienstleitung auf mich zu und fragte: „Heike, kennst du jemanden, der als Atemtherapeutin bei uns im Haus mit den Gästen arbeiten könnte?“ Ich spürte eine solche Freude in mir! Ich! Ich bin Atemtherapeutin! Doch meine Vorgesetzte meinte eine Person außerhalb des Teams. Ich dachte, mir rutscht mein Herz in die Hose – jetzt war ich endlich bereit, den Auftrag von Gott an mich zu erfüllen, und der Auftrag ging an mir vorbei!

Dieses Gefühl von „das Herz rutscht mir in die-Hose“, die tiefe Trauer darüber, dass jemand anderes diesen Job machen durfte, hat mich erschreckt! Dieses Gefühl kam so schnell aus meinem Bauch heraus ...

Und weil dieses Gefühl so stark war, nahm Gott mich wieder an die Hand und öffnete mir eine Tür nach der anderen. Er zeigte mir meinen Weg, den ich im Vertrauen, dass Gott mich liebt und nur mein Bestes möchte, heute weitergehe.

Zwischendurch kommt meine Kleine Heike und hat Angst. Setzt sich auf meinen Schoß und weint ein bisschen. Tröstend halte ich sie.

Ich konnte in einem anderen Hospiz mit Atem- und Entspannungs-Einheiten anfangen. Ein Krankenhaus meldete sich, dann das nächste. Ich lernte wunderbare Menschen kennen. Hatte berührende Erlebnisse. Tauchte ein in eine Welt, die voller Intuition war. Ich handelte intuitiv. Fühlte, was diese Menschen in den letzten Stunden brauchten. Gab ihnen Berührungen, das Gefühl, gehalten zu werden, Geborgenheit, weinte mit ihnen, nahm immer wieder Abschied, heilte auch mich.

Und auch hier möchte ich Ihnen eine Erfahrung näherbringen.

Eine Patientin lag mehrere Wochen auf einer Palliativstation, und ich ging wöchentlich zu ihr, um ihr Atem- und Entspannungs-Einheiten anzubieten. Es war wunderschön für mich zu sehen, dass sie sich immer mehr entspannen konnte, sich mir anvertraute. Eines Morgens kam ich in ihr Zimmer, und sie hatte starke Schmerzen. Sie hielt die Hände vor ihr Gesicht. Sie wollte sich hinter ihrem Schmerz verstecken. Ich nahm ihre Hände und sagte: „Bis das Schmerzmittel wirkt, werden wir beide diesen Schmerz zusammen aushalten. Ich kann Ihnen den Schmerz keineswegs nehmen, ich kann jedoch bei Ihnen bleiben und Ihnen den Halt geben, durch den Schmerz zu gehen." Sie hielt meine Hand, und ich begleitete sie durch den Schmerz hindurch, indem ich ihr einen Atem-Rhythmus vorgab und wir uns dabei in die Augen schauten. Wenn sie drohte, in ihrem Schmerz zu verschwinden, forderte ich Augenkontakt ein, stöhnte mit ihr, schrie mit ihr, uns beiden liefen die Tränen ... und als nach zehn Minuten das Schmerzmittel wirkte, weinten wir vor Erleichterung. Vor Erleichterung, dass wir es beide geschafft hatten. Sie, dass sie durch ihren Schmerz gegangen war und sich mit all dem, was ist, zeigen konnte. Ich, dass ich sie in ihrem Schmerz aushalten und begleiten konnte.

Ihr Kommentar nach der Schmerzattacke: „Wow, was war das denn? Ich habe mich so noch niemandem zeigen können. Es war eine wunderbare Erfahrung für mich, in Gegenwart eines anderen Menschen durch diese Schmerzen zu gehen. Ich wollte meiner Familie nie meinen Schmerz zeigen."

Ich bin dieser Patientin unendlich dankbar für diese Erfahrung. Dachte ich doch immer, dass ich meine Hilflosigkeit in solchen Momenten keinesfalls aushalten würde.

Doch die Tür, die Gott für mich öffnete, ging noch weiter auf. Ich fing an, Seminare für das Pflegepersonal zu konzipieren. Ich bekam eine Dozententätigkeit und konnte über Atemnot referieren. Das Seminar „Werkzeugkoffer Entspannung“ für Firmen entstand. Es folgten weitere Seminarkonzepte.

Vor Jahren hatte ich den Gedanken: Du wirst einen Menschen aus deinem Bekanntenkreis beim Sterben begleiten. Der Gedanke kam – und war auch ganz schnell wieder weg. Das wollte ich auch gar nicht hören. Im Jahr 2008 erinnerte ich mich wieder an diesen Gedanken. Meine Freundin verstarb an Krebs. In ihrem Sterbe-Prozess machte mir meine Freundin ein wunderbares Geschenk. Ich vertraute meiner Bauch-Intuition immer mehr.

Meine Freundin wollte die Genesung ohne Chemotherapie schaffen. Damals beschlichen mich Zweifel: „Wird das gut gehen?“ Gedanke hin oder her: Ich wollte positiv denken. Sie unterstützen mit guten Gedanken. Doch es ging keineswegs konform mit meinem Bauchgefühl.

Ich wusste, wann sie stirbt, und ich wusste, wie sie stirbt. Ich besuchte sie eines Nachmittags, und als ich mich von ihr verabschiedete, wusste ich, ich sehe sie nie wieder. Es weinte aus mir heraus: „Ich sehe sie nie wieder!“ Unendliche Trauer überfiel mich. Vor Wochen schon hatte ich ein Bild ihres Sterbens vor meinen Augen gesehen: Sie liegt im Bett, wird von ihrer Familie gehalten und kann das Leben hier auf der Erde beenden.

Als ihr Mann mir am Telefon mitteilte, dass sie verstorben sei, fragte ich ihn, wie sie eingeschlafen sei. Er sagte: „Wir waren im Schlafzimmer, alle beisammen, als sie eingeschlafen ist.“

Selbst jetzt berührt es mich zutiefst. Und sie fehlt mir! Habe ich doch auch jetzt noch so oft das Gefühl, dass wir in enger Verbindung stehen, so wie zu den Zeiten, als sie noch lebte. Meine liebe Freundin, ich danke dir für alles.

Wenn Sie sich das Kapitel Intuition noch einmal anschauen: Fällt Ihnen auf, dass ich mit dem Kopf-Gedächtnis angefangen habe und immer mehr in mein Bauch-Gedächtnis gegangen bin? Je mehr ich mit mir und je mehr ich mich gefühlt habe, desto mehr ist das Bauchgefühl gekommen.

Und damit das Thema Intuition ein beschwingtes Ende hat, erzähle ich Ihnen noch eine schöne Geschichte.

Im Jahr 2012 war ich im dritten Jahr Single, und natürlich hatte ich immer den Gedanken im Kopf: „Wann kommt denn mein Prinz mit dem Pferd?“ Ein Gedanke, der immer wieder auftauchte, war: „Du kennst ihn schon, und er ist jünger als du. Er wird irgendwann auf deiner Massageliege liegen.“

Die Männer, die ich in meiner Single-Zeit kennenlernte, wurden erst einmal nach dem Alter gefragt. Einige waren auch wirklich jünger als ich. Lagen jedoch nicht auf meiner Massage-liege. Außerdem sagte mein Herz nichts zu diesen Männern.

Dann war ich auf einem Seminar als Masseurin eingeteilt worden. Und da lag der erste Mann auf meiner Liege. Gar nicht mein Typ. Dann lag der zweite Mann auf meiner Liege. Verheiratet. Also wieder nix.

Eines Abends war Disco für die Seminarteilnehmer angesagt, es wurde gelacht und viel getanzt. Da fiel mir Mann Nr. 1 von meiner Liege wieder ins Auge. Mein Gott, konnte dieser Mann tanzen! Irgendwann trafen wir uns bei Erdnüssen und Wein wieder und quatschten den ganzen Abend.

Er war jünger als ich. Viel jünger als ich! Lag auf meiner Liege, und ich verbot meinem Herzen, etwas zu fühlen. Hallo? Der Mann war dreizehn Jahre jünger als ich! Fünf Jahre hätte mein Kopf durchgehen lassen. Aber dreizehn? Nein, das ging auf keinen Fall.

Doch der „Zufall" spielte Amor. Am letzten Tag kam ich zu spät zum Vortrag. 120 TeilnehmerInnen saßen in dem Raum. Ein Platz in den hinteren Reihen war noch frei. Raten Sie mal, wo? Genau: Neben Mann Nr. 1, der auf meiner Liege lag, der so gut tanzen konnte und so viel jünger war als ich. Also setzte ich mich neben ihn. Fast am Ende des Vortrags hielt er mir seine Hand hin, und ich legte meine in seine. Mein Herz schlug mir bis zum Hals. Wir tauschten Handynummern aus, und unsere Wege trennten sich. Unsere Herzen jedoch wollten es anders.

Er lebte in Leipzig, ich in Münster. Wir telefonierten viel. Über diese Entfernung kamen wir uns immer näher. Dann lud ich ihn nach Münster ein. Mein Kopf hatte nichts mehr zu sagen, von da an tanzte nur noch mein Herz.

Lange habe ich gebraucht, bis ich den Altersunterschied annehmen konnte. Ganz im Gegensatz zu meinen Freundinnen: „Super, du hast einen Freund, der jünger ist! Genieß es!"

Der Gedanke „Du kennst ihn schon"? Ich denke, dass wir uns aus einem anderen Leben kennen. Diese Vertrautheit, die von Anfang an da war, ist erstaunlich.

Intuition ist schon was Wunderbares!

Intuition: *„Meine Liebe. Und ich meine es genau so: Meine Liebe! Lange hast du gebraucht, bis du Vertrauen zu mir gefasst hast. Oft hast du mich weggedrückt, mich überhört. Gerade dann, wenn es um Entscheidungen ging. Du hättest* *dir so manches Leid ersparen können. Und doch hast du jede Erfahrung gebraucht, um genau da zu sein, wo du jetzt bist.* ***Ich freue mich auf ein Leben in dir und mit dir. Gemeinsam sind wir stark!"***

Übung: entspannte Intuition

Je entspannter Sie sind, desto besser werden Sie Ihrer Intuition folgen und vertrauen. In stressigen Zeiten haben wir oft das Gefühl, dass Kopf und Herz oder Bauch voneinander getrennt sind.

In der Ruhe können wir unsere Intuition besser wahrnehmen. Autogenes Training, Progressive Muskelentspannung, Meditationen, Achtsamkeitspraxis sind einige Übungsformen, die Ihnen dabei helfen werden.

In dem Kapitel „Annehmen, was ist" finden Sie eine Meditations-Übung, um Ihre Körperwahrnehmung zu schulen.

Machen Sie es sich bequem. Wenn Sie mögen, hören Sie entspannte Musik und stellen Sie sich zum Beispiel vor, dass in Ihnen eine weise Person wohnt. Vielleicht entsteht ein Bild oder ein Gedanke zu dieser Person. Sie können dieser Person Fragen zu einem Problem stellen. Die Lösung kommt als erster Gedanke oder als erstes Bild. Als Ihre Intuition. Übung macht den Meister. Bleiben Sie dran!

Schulen Sie Ihre Intuition, indem Sie in Situationen den ersten Gedanken oder das Bauchgefühl wahrnehmen und danach handeln. Schreiben Sie Ihr Gefühl oder den ersten Gedanken auf. Legen Sie sich ein kleines Buch dafür an.

Annehmen, was ist: den dicken Bauch, die Krampfadern an den Beinen, die immer dünner werdenden Haare, die Traurigkeit, die Wut – oder was auch immer

Kritikerin: *„Heike-Schätzchen, doch nicht mit mir! Ich gebe zu jedem und allem meinen Kommentar ab. Annehmen, was ist – das ist das Gegenteil meiner Natur!“*

Ich: „Ja, ich weiß. Ich übe ja auch immer wieder. Und du bist eine tolle Lehrerin für mich!“

Kritikerin: *„Immer wieder gerne. Ich tue mein Bestes!“*

Den meisten Menschen fällt es schwer anzunehmen, was ist.

Sie sind traurig, mutlos, verzweifelt, wütend. Was ist das Erste, das Sie versuchen, wenn Sie diese Gefühle haben?

Richtig. Sie versuchen sie zu ignorieren, sie „wegzumachen“. Funktioniert Ihre Strategie? Dann melden Sie sich bitte bei mir, denn das wäre neu für mich.

Wenn Sie diese Gefühle „wegmachen“ wollen, verdrängen Sie sie. Verdrängen heißt, Sie schieben sie lediglich zur Seite. Und da warten sie dann darauf, dass sie abgeholt werden, diese Gefühle. Das passiert in den wenigsten Fällen. Sie schmollen vor sich hin, werden hartnäckig. Sie packen sie in den Rucksack. Sie verteilen sich im Körper. Werden zu Krankheiten.

Eine Entspannung geschieht, wenn ich mir sage: „Ja, ich bin traurig und ich darf das jetzt sein.“ Es kann passieren, dass sich andere Stimmen melden. Dürfen sie auch. Auch das nehmen Sie an. Lehnen Sie sich zurück, atmen Sie tief in den Bauch und hören Sie ihren Stimmen zu, was sie zu sagen haben. Mehr nicht. Wie bei der Kommunikations-Übung. Hören Sie zu, lauschen Sie.

Auch diese Übung will erlernt sein. Bleiben Sie beharrlich und üben Sie immer und immer wieder.

Situationen, die so sind, wie sie sind, anzunehmen, braucht Übung und Gelassenheit. Mir in diesen Situationen „Alles ist gut“ zu sagen und einen oder mehrere tiefe Atemzüge zu nehmen, hilft mir.

Ich habe in mehreren Beziehungen versucht, meinen Partner zu verändern. Viel Energie habe ich vergebens in diese Versuche gesteckt. „Wenn er nur dies und das tun würde, dann wäre doch alles super! Ich weiß doch, wie es funktioniert!“ Sie kennen das? Irgendwann habe ich begriffen, dass nur ich mich ändern kann. Keineswegs mein Kind, meinen Partner, meine Mama, meinen Chef, meine KollegInnen. Vergebens! Versuchte ich es trotzdem, hatte ich nur das Gefühl: „Ich habe versagt, ich kann den anderen Menschen um keinen Preis retten.“ Eine gute Kollegin von mir sagte mir darauf: „Heike, bist du größenwahnsinnig? Bist du Gott? Du kannst keine Menschen retten!“ Und ich bin dankbar, dass ich sehen darf, dass wir alle unsere Fehler machen dürfen.

Übung: Annehmen, was ist – auch die Kritikerin, den Antreiber, die Krampfadern ...

„Was Hänschen nicht lernt, lernt Hans nimmermehr" – das ist ein Spruch, dem viel Wahrheit innewohnt. Wir stehen uns bei neuen Lernschritten oft selbst im Weg. Was ich sagen möchte: Seien Sie geduldig mit sich! Wenn Sie ungeduldig am Grashalm ziehen, wächst dieser keineswegs schneller. Sie ziehen höchstens den ganzen Halm heraus und müssen wieder von vorn anfangen, indem Sie Samen aussäen. Und der Hans lernt langsamer, weil er das Neue über das Alte setzen muss. Außerdem gibt es ja noch den Inneren Schweinehund oder den Verhinderer. Und die mögen keine Veränderungen.

Kritikerin: *„Genau, lass mal schön alles beim Alten. Da weißt du auch, was du hast."*

Ich: „Ich hab' jetzt eine Übung für die LeserInnen, willst du mitmachen?"

Kritikerin: *„Die kenn' ich doch schon. Da lieg' ich mit dir rum und tu' nix."*

Antreiber: *„Ja, da muss ich der Kritikerin rechtgeben. In der Zeit könntest du doch lieber die Wäsche aufhängen und Mittagessen kochen, das muss noch gemacht werden, bevor das Kind aus der Schule kommt. Los, komm schon!"*

Lassen Sie sich nicht von Ihren Stimmen bestimmen. Bleiben Sie bei sich und machen Sie die folgende Meditation, um sich wahrzunehmen. Sich zu spüren. Dies geht im Alltag oft unter. Wir hetzen von einem Termin zum nächsten und funktionieren hervorragend. Nur das Fühlen kommt zu kurz.

Sie können diese Übung alleine durchführen oder sich die folgenden Zeilen vorlesen lassen.

Viel Spaß!

Suchen Sie sich einen Raum aus, in dem Sie die nächsten dreißig Minuten ungestört sind. Schließen Sie die Fenster. Sorgen Sie für Stille. Machen Sie es sich bequem. Legen Sie sich auf den Rücken. Legen Sie sich ein Kopfkissen unter Ihren Kopf. Falls gewünscht, decken Sie sich mit einer Kuscheldecke zu.

Nehmen Sie den Untergrund unter sich wahr. Wenn Sie bequem liegen, möchte ich Sie einladen, die Augen zu schließen. Nehmen Sie einen tiefen Atemzug durch die Nase in den Bauch. Atmen Sie tief ein. Atmen Sie durch den leicht geöffneten Mund wieder aus. Wiederholen Sie diese Übung. Tief in den Bauch einatmen, und dann atmen Sie durch den leicht geöffneten Mund wieder aus. Ruckeln Sie sich gerne noch einmal zurecht. Liegen Sie bequem?

Gehen Sie nun mit Ihrer Aufmerksamkeit zu Ihren Füßen und stellen Sie sich vor, dass dicke Wurzeln aus den Füßen in die Erde wachsen. Wenn Ihnen das bildhafte Sehen mit geschlossenen Augen schwer fällt oder fehlt, denken Sie sich meine Worte.

Die Wurzeln schlängeln sich immer tiefer in die Erde hinein, so dass Sie gut mit Mutter Erde in Verbindung stehen.

Nehmen Sie einen tiefen Atemzug durch die Nase in den Bauch und atmen Sie durch den leicht geöffneten Mund wieder aus.

Gehen Sie mit Ihrer Aufmerksamkeit zu Ihrem rechten Fuß und nehmen Sie diesen wahr. Wie fühlt sich der rechte Fuß an? Halten Sie einen Moment inne und spüren Sie nach. Dann gehen Sie mit ihrer Aufmerksamkeit weiter zu Ihrem rechten Unterschenkel, dem rechten Knie und dem rechten Oberschenkel. Und nehmen Sie nur wahr. Ohne zu urteilen. Ohne zu denken: „Ach, so fühlt sich das Bein wieder an. Es schmerzt.“ Oder: „Da ist gar kein Gefühl.“ Nehmen Sie wahr, was ist. Ohne zu urteilen. Wenn Sie nichts spüren, dann nehmen Sie wahr, dass Sie nichts spüren.

Falls Gedanken kommen, stellen Sie sich eine Wolke vor oder denken Sie sich neben Ihrem Kopf eine Wolke, und dann setzen Sie diese Gedanken auf die Wolke. Die Wolke nimmt Ihre Gedanken mit. Lassen Sie sie ziehen. Unser Kopf plappert sowieso den ganzen Tag. Eine neue Wolke kommt für den nächsten Gedanken. Lassen Sie auch diesen Gedanken ziehen. Gedanken kommen und gehen. Wir lassen Sie los. Immer wieder.

Nehmen Sie einen tiefen Atemzug durch die Nase in den Bauch und atmen Sie durch den leicht geöffneten Mund wieder aus.

Gehen Sie nun mit Ihrer Aufmerksamkeit zu Ihrem linken Fuß und nehmen Sie diesen wahr. Wie fühlt er sich an? Halten Sie einen Moment inne und spüren Sie nach. Dann gehen Sie mit Ihrer Aufmerksamkeit weiter zu Ihrem linken Unterschenkel, dem linken Knie und dem linken Oberschenkel. Und nehmen Sie nur wahr. Ohne zu urteilen. Wenn Sie nichts spüren, dann nehmen Sie wahr, dass Sie nichts spüren.

Nehmen Sie Ihr Gesäß wahr, die Lendenwirbelsäule, die Brustwirbelsäule, die Halswirbelsäule. Wahrnehmen. Spüren. Ohne zu urteilen. Annehmen, was ist. Falls es im Rücken schmerzt, sagen Sie auch hier nur: „Ja, ich habe Schmerzen.“ Nehmen Sie einen tiefen Atemzug durch die Nase in den Bauch und atmen Sie durch den leicht geöffneten Mund wieder aus.

Nehmen Sie Ihre rechte Schulter wahr, den rechten Oberarm, das rechte Ellbogengelenk, die rechte Hand. Wie fühlt sich der rechte Arm an? Halten Sie einen Moment inne und spüren Sie nach. Nehmen Sie einen tiefen Atemzug durch die Nase in den Bauch und atmen Sie durch den leicht geöffneten Mund wieder aus.

Nehmen Sie Ihre linke Schulter wahr, den linken Oberarm, das linke Ellbogengelenk, die linke Hand. Wie fühlt sich der linke Arm an? Halten Sie einen Moment inne und spüren Sie nach. Nehmen Sie einen tiefen Atemzug durch die Nase in den Bauch und atmen Sie durch den leicht geöffneten Mund wieder aus.

Gehen Sie mit Ihrer Aufmerksamkeit zu Ihrem Unterleib, zum Oberbauch, zur Brust. Wie fühlt sich Ihre vordere Seite an? Wie, denken Sie, könnte sich Ihre vordere Seite anfühlen? Halten Sie einen Moment inne und spüren Sie nach. Nehmen Sie einen tiefen Atemzug durch die Nase in den Bauch und atmen Sie durch den leicht geöffneten Mund wieder aus. Setzen Sie immer wieder aufkommende Gedanken auf eine Wolke. Lassen Sie Ihre Gedanken ziehen. Bleiben Sie im Hier und Jetzt bei sich. Ohne zu urteilen. Wahrnehmen, was ist.

Nehmen Sie Ihren Hals wahr. Die Halswirbelsäule, den Kehlkopf. Gehen Sie mit Ihrer Aufmerksamkeit zu Ihrem Hinterkopf und nehmen Sie diesen wahr. Wie liegt der Kopf auf dem Kopfkissen? Was nehmen Sie wahr? Ohne zu urteilen. Nur wahrnehmen. Nehmen Sie einen tiefen Atemzug durch die Nase in den Bauch und atmen Sie durch den leicht geöffneten Mund wieder aus.

Nehmen Sie Ihre Stirn wahr, die Augen, die Ohren, die Nase, den Mund, Ihre Zunge, die locker im Mund liegt, die Lippen. Nehmen Sie sich wahr. Nehmen Sie wahr, wie Sie auf dem Boden liegen, sich ganz dem Boden anvertrauen können. Der Boden hält und trägt Sie.

Nun stellen Sie sich vor – oder denken Sie sich –, auf Ihrem Kopf ist ein Fenster, das Sie aufmachen. Aus dem Himmel kommt ein Band in Ihren Kopf hinein. Nehmen Sie wahr, dass Sie mit dem Vater im Himmel in Verbindung stehen. Nehmen Sie einen tiefen Atemzug durch die Nase in den Bauch und atmen Sie durch den leicht geöffneten Mund wieder aus.

Verweilen Sie noch einige Minuten in Stille.

Falls Ihnen die Wortwahl „Mutter Erde“ und „Vater im Himmel“ missfällt, ersetzen Sie sie durch andere Wörter oder lassen Sie diese Wörter weg. Halten Sie sich in diesem Fall keineswegs an Wörtern fest!

Ent-Scheidungen oder: Von was wollte ich mich noch mal trennen?

Wir treffen jeden Tag Mengen von Entscheidungen. Was ziehe ich heute an? Wie belege ich mein Brötchen? Schminke ich mich heute oder nicht? Alles Entscheidungen, über die wir nicht mehr nachdenken. Und wie geht es Ihnen mit Ihren Entscheidungen? Sehen Sie gut aus, wenn Sie aus dem Haus gehen? Haben Sie das gefrühstückt, was Ihnen nicht schmeckt, oder das, was Ihnen schmeckt? Sie haben nicht groß nachgedacht. Sie haben einfach gemacht. Sie lassen wahrscheinlich hier Ihre Intuition die Entscheidung in die Hand nehmen. Erinnern Sie sich? **Der erste Gedanke und das Bauchgefühl sind die Intuition.**

Sie haben immer die Wahl! Sie können entweder so oder so entscheiden. Sich von diesem oder jenem scheiden oder trennen. Es gibt keine falschen Entscheidungen! Na, das ist doch eine tolle Neuigkeit, oder? Jede Entscheidung bringt Sie weiter. Sie können rechts oder links herum Ihren Weg gehen. Sie werden an Ihr Ziel kommen. Der Weg dorthin wird sich lediglich unterschiedlich gestalten und auch anfühlen.

Keine Entscheidung zu treffen lässt Sie stehen bleiben. Es kommt keine Bewegung in die Situation. Gefühle von: Sie hängen in der Luft, wollen keinen Fehler machen, andere nicht vor den Kopf stoßen, sind traurig oder angespannt, schleichen sich in uns ein. Manchmal quälen Sie sich vielleicht Tage, Wochen oder gar Monate, um eine Entscheidung zu treffen?

Ein Beispiel: Meine halbe Stelle als Büroangestellte und der Aufbau meiner Selbstständigkeit haben mich viel körperliche Kraft gekostet. Ich sprintete von einem Termin zum nächsten. Hatte keine Pausen zwischendurch. Mit Haushalt und Tochter. Nun, ich brauche Ihnen da wohl nichts zu erzählen. Das ging ein Jahr lang gut. Bis sich in meinem Kopf ein Gedanke breitmachte: „Wie lange willst du das noch machen?“ Doch ich konnte mich nicht entscheiden, den Sprung in die Selbstständigkeit zu wagen. Ein weiteres Jahr habe ich für meine Entscheidung gebraucht.

Oha! Selbstständig! Selbst versichert sein, kein festes Gehalt – was, wenn ich krank werde? Meine Sorgen waren grenzenlos in meinem Kopf. Ich habe mir ganz oft ein Stoppschild vorgestellt, um meine Gedanken zu stoppen. Sorgen! Bringen doch nix!

Mittlerweile hatte ich Schlafprobleme, Magen- und Rückenschmerzen, und mein Freund sagte: „Gibst du Stress in den Körper hinein, bekommst du Stress wieder heraus.

Und Stress ist ein anderes Wort für Angst!“

Natürlich! Mein Körper konnte gar nicht anders reagieren. Stress erzeugt Stress. Druck erzeugt Gegendruck, Glück zieht Glück an.

Also bin ich gesprungen, in mein Vertrauen, in meine Selbstständigkeit. Nachdem ich mich entschieden hatte, lief es großartig. Wieder gingen neue Türen auf.

Vor einem neuen Schritt steht immer erst die Entscheidung.

Übung: Fühlen Sie mal in Ihre Ent-scheidung hinein

Sie brauchen eine Lösung für ein Pro-blem. (Wenn Sie sich das Wort Pro-blem so anschauen, ist es sogar positiv).

Nehmen Sie sich Zeit, um in die Entscheidungsoptionen hineinzufühlen. Fühlen Sie Enge, Druck, Angst in ihrem Körper, dann ist diese Option mit Enge, Druck und Angst verbunden. Fühlen Sie, dass Ihr Herz weit wird, der Bauch weich ist, die Kehle weit ist, dann ist Ihnen dieser Weg sicher angenehmer.

Nehmen Sie auch hier wieder das erste Gefühl oder den ersten Gedanken. Noch einmal zur Erläuterung: **Alles, was nach dem ersten Gefühl oder dem ersten Gedanken kommt, ist nicht mehr Intuition, sondern der Verstand,** der uns zweifeln lässt, abwägt.

Zu 99 Prozent ist die Entscheidung schon gefallen, wenn Sie über das Pro-blem nachdenken. Das Gefühl oder der erste Gedanke waren bei dem Pro-blem schon da, und wir haben sie ganz schnell weggewischt. Das Vertrauen in unsere Gedanken und Gefühle ist uns verlorengegangen. Dann kommen die sogenannten Zweifel, und wir überdenken die Entscheidung noch einmal – und noch einmal.

Darüber werden wir unsicher und wissen nicht mehr, was wir tun sollen.

Entscheidungen, die Sie immer und immer wieder hin- und herwälzen, sind keine guten Entscheidungen. Es darf leicht sein. Es darf sich richtig anfühlen. Ist es stimmig, wird Ihnen bei der Entscheidung, die Sie getroffen haben, geholfen. Fühlt sich Ihre Entscheidung nicht stimmig an, wird Ihnen auch geholfen: Es wird eine neue Situation geben, bei der Sie Ihre Entscheidung überdenken können.

Und: Nobody is perfect. Wir machen unsere Erfahrungen; so oder so. Und wenn es dann mal schief gegangen ist, ist es keine große Sache. Sie sind hingefallen? Na und? Aufstehen, Krone richten und weitergehen.

Denn: Wer die Courage besitzt, für seine Erfahrungen einzustehen, gewinnt an Selbstbewusstsein.

Bitte nehmen Sie sich Zeit für sich selbst und spüren Sie in Ihre Ent-scheidung hinein.

Voice Dialogue – neue Fahrgäste

Sie haben sich mit Ihren Stimmen nun schon vertraut gemacht. Klappt es gut? Das freut mich für Sie!

Für die LeserInnen, die noch Schwierigkeiten haben, sich in die Stimmen hineinzuversetzen, ist es vielleicht leichter sich einen Coach oder eine Therapeutin zu suchen, die Sie dabei begleitet, den Teil in Ihnen sprechen zu lassen, der sich gerade mitteilen will bzw. von Ihnen als Gefühl am deutlichsten wahrgenommen wird.

Jetzt kommt eine Voice-Dialogue-Sitzung, die ich mit einem Coach hatte. Wir saßen uns dabei gegenüber.

Heike: „Ich glaube, ich rutsche mehr und mehr in eine Überforderung hinein. Mein Antreiber ist so stark! Ich würde gerne hören, was er zu sagen hat."

Coach: „Prima. Gib deinem Antreiber eine Stimme. Suche dir in diesem Raum einen Platz aus, wo der Antreiber jetzt sein möchte."

Es ist wie Theater spielen: Ich gehe in eine Rolle hinein.

Der Antreiber in mir steht auf und sucht sich einen Platz im Zimmer. Er steht ganz dicht hinter mir.

Coach: „Hallo. Du bist also der Antreiber von Heike. Schön, dich zu sehen."

Antreiber: *„Ja, hallo. Ich weiß nicht, was ich hier soll. Ich fühle mich vorgeladen."*

Seine Haltung ist sehr reserviert, ziemlich großspurig, etwas arrogant.

Coach: „Das tut mir leid, dass du diese Einladung so empfindest. Heike hatte das Gefühl, dass du zu Wort kommen wolltest."

Antreiber: *„Heike hatte das Gefühl, dass ich zu Wort kommen wollte? Es ist wohl eher so, dass Heike mir etwas sagen will."*

Coach: „Hm, das kann sein. Aus ihren Erzählungen höre ich, dass du sehr aktiv bist. Dein Bestes gibst. Sie den ganzen Tag antreibst. Also deine Arbeit gut machst. Sie ist auch bestens mit dir zufrieden. Wenn ich überlege, was sie mit deiner Hilfe alles erreicht hat: Sie macht mobile Massagen in Firmen, Atem- und Entspannungsübungen auf den Palliativstationen, Kurse mit Kindern, die Lernschwierigkeiten haben, wirkt an Schulen für Pflegepersonal mit, hat die Ausbildung zum Entspannungspädagogen absolviert, bietet Entspannungstage in Firmen an – also, ich finde, du hast tolle Arbeit geleistet."

Antreiber (ohne Emotion): *„Danke."*

Coach: „Was ist deine Angst?"

Antreiber (wird traurig, es kommen Tränen): *„Meine Angst ist, dass ich ihr zu viel werde. Ich finde kein Maß mehr. Ich treibe und treibe und treibe – und lasse keinen anderen mehr dazwischen. Selbst im Urlaub lasse ich sie das hier schreiben ... Es ist nicht so, dass ich nicht fühlen kann, wie erschöpft sie ist."*

Coach: „Was passiert, wenn du andere dazwischen kommen lässt?"

Antreiber: *„Die Erschöpfung, die Faulenzerin – ich habe Angst, dass sie sich ganz breit machen. Dass Heike den ganzen Tag im Bett liegt und nichts macht."*

Coach: „Was ist daran so schlimm, nichts zu tun?“

Antreiber: *„Menschen, die nichts tun, sind faul. Zu nichts zu gebrauchen. Dann werden sie einsam. Ich will nicht, dass Heike einsam wird.“* Er weint. *„Als Heike fünfzehn war, da hatte sie eine Null-Bock-Phase. Sie war so einsam ... “*

Meine Erinnerungen sind sehr deutlich spürbar. Ich mache Pause, um zu fühlen. Ich schreibe gleich weiter ...

Ich hatte mich damals in der Schule so sehr angestrengt, und das Lernen fiel mir unglaublich schwer. Ich schrieb trotz Anstrengung meine Fünfen und musste die neunte Klasse noch einmal wiederholen. Ich fühlte mich nicht verstanden, ungeliebt, einsam, nicht willkommen. Ich war kurz davor, mir das Leben zu nehmen.

Coach: „Ich danke dir für deine Ehrlichkeit und dafür, dass du dich gezeigt hast! Ich kann gut verstehen, warum du Heike so antreibst.“

Antreiber: *„Danke.“*

Coach: „Durch ihre Tätigkeiten lernt sie ja auch viele Menschen kennen. Und wenn die Überlegung kommt, die mobilen Massagen loszulassen, kommt natürlich sofort deine Angst vor Einsamkeit mit hoch. Das kann ich gut nachvollziehen.“

Antreiber: *„Ja, genau. Ich habe immer dafür gesorgt, dass viele Menschen um sie herum sind. Dann fühlt sie sich nicht einsam.“*

Coach: „Danke, dass du das für Heike gemacht hast.“

Antreiber: *„Gerne. Ich fühle mich gesehen. Ich weiß auch, dass ich so nicht weiter machen kann. Dann klappt sie mir zusammen.“*

Coach: „Da hast du wohl Recht. Was ist dein Plan?“

Antreiber: *„Ich werde es zulassen, dass sie die mobilen Massagen abgibt.“*

Ich, Heike, fühle mich zutiefst berührt.

Antreiber: *„Und sie muss im Urlaub nicht die ganze Zeit schreiben* (es jubelt in mir), *sie darf auch mal nichts tun, und ich schaue zu. Hoffentlich halte ich das durch!“*

Coach: „Das hört sich nach einem guten Plan an. Soll ich Heike noch etwas ausrichten?“

Antreiber: *„Ich liebe sie! Und will nur das Beste für sie. Es tut mir leid, wenn ich ihr zu viel aufgebürdet habe.“*

Coach: „Das richte ich ihr gern aus. Tschüss.“

Antreiber: *„Ja, tschüss.“*

Ich gehe aus der Rolle heraus, setze mich wieder auf meinen Platz – und bin erleichtert. Es ist ja bei einer Sitzung nicht so, dass ich als Heike nichts mitbekomme.

Coach: „Ich fasse noch einmal für dich zusammen: Dein Antreiber hat sich so mächtig ins Zeug gelegt, weil er nicht wollte, dass du einsam bist. Deshalb hat er dir viele Menschen in die Arbeitswelt gebracht. Er hatte sich an eine Begebenheit erinnert, als du fünfzehn Jahre alt warst und nahe daran warst, dir das Leben zu nehmen. Du hattest dich so angestrengt, und es wurde nicht gesehen. Er wollte nicht, dass das noch einmal passiert.“

Ich bin froh und dankbar für diesen Prozess. Jetzt kann ich meine Getriebenheit viel besser verstehen. Warum ich immer etwas Neues anfangen muss. Immer in Aktion sein muss. Mit meinen heutigen Erfahrungen weiß ich, dass ich, wenn ich mich einsam fühle, dies gut tragen kann. Mein Inneres Kind in den Arm nehmen und mich bemuttern kann. Oder jemanden, der mir nahesteht, anrufen und mich mitteilen kann. Oder um eine Umarmung bitte.

Jetzt, wo mir bewusst ist, woran es liegt, dass ich mich getrieben fühle, bin ich wieder am Steuer meines Busses und kann entscheiden.

Und das ist der große Vorteil dieser Methode. Ich lasse Muster oder Teilaspekte von mir nicht weiterhin über mich bestimmen, sondern **nehme mein Leben bewusst in meine Hände.** Ich integriere abgespaltene Gefühle, indem ich sie wieder zu mir nehme.

Für mich eine grandiose Freiheit!

Die Voice-Dialogue-Methode ist auch eine tolle Methode, um mit unterdrückten Gefühlen von Kindern in Kontakt zu kommen.

Ein zwölfjähriger Junge kam mit Ängsten zu mir. Angst, die Klassenarbeiten in der Schule nicht zu schaffen. Zu versagen. Ich kenne diesen wunderbaren Jungen als sehr angepasst, immer hilfsbereit und zuvorkommend.

Wir malten ein Bild von seiner Angst, die mächtig ist. Er malte eine große Festung ohne Fenster, in der er festsaß. Sie sehen, auch hier hatte der Beschützer gute Arbeit geleistet.

Ich stieg in den Voice Dialogue ein, indem ich den Beschützer aufrief und mich bei ihm bedankte, dass er so gut auf den Jungen aufpasste. Der Beschützer fühlte sich geschmeichelt und gesehen.

Dann rief ich die Angst auf, die erzählte, wie es ihr ging.

Und dann rief ich seine Wut auf. Sie saß völlig apathisch auf dem Sessel. Begrüßte mich völlig abwesend. Es stellte sich heraus, dass die Wut bei dem Jungen nicht zum Zuge kam, nichts zu sagen hatte. Es machte mich ganz traurig. Das teilte ich dem Jungen mit. Die Wut wünschte sich, einmal die Meinung sagen zu dürfen, ohne gleich abgewürgt zu werden. Außerdem hatte die Wut gelernt, dass sie nicht willkommen war bei seiner Mama. Die reagierte nämlich wütend, wenn er wütend wurde.

Während dieses Prozesses konnte ich wahrnehmen, dass der Junge sich veränderte. Er setze sich anders hin, gewann an Größe. Entspannte sich.

Am nächsten Tag erzählte mir seine Mama, dass sie ein wunderbares Gespräch mit ihrem Sohn hatte. Über Ängste und das, was in der Schule so los sei. Über das, was ihn wütend macht – und vieles mehr.

Wochen später berichtete mir seine Mama glücklich: „Es ist, als ob wir einen anderen Jungen hätten. Viel aufgeschlossener!“

Viele Kinder finden diese Methode toll, denn sie können in die Rollen hineinschlüpfen und spielen.

Wer mehr über die Methode Voice Dialogue wissen möchte, dem kann ich das Buch „Du bist viele. Das 100fache Selbst und seine Entdeckung durch die Voice-Dialogue-Methode“ von Hal und Sidra Stone empfehlen. Es ist allerdings vergriffen und nur noch antiquarisch zu beziehen.

Übung: Lernen Sie Ihr Team kennen

In den meisten Situationen wissen wir nicht, wer in uns die Macht oder das Sagen hat. Und genau darum geht es.

Finden Sie spielerisch heraus, welche Stimme in Ihnen was sagt. Sie können gern die Karikaturen auf der Rückseite des Buches nehmen, um schon mal ein Bild von Ihrer Kritikerin, Ihrem Antreiber, Ihrem Inneren Kind oder der Perfektionistin zu bekommen.

Es kann auch sein, dass Ihre Kritikerin ein Kritiker ist. Der Antreiber eine Antreiberin ist. Schauen Sie nach in Ihrer Vorstellung. Um die Stimmen plastisch darzustellen, können Sie sich kleine Handpuppen kaufen. Sie können die Stimmen auch aufschreiben. Die Kritikerin wird immer Zweifel schicken, und Sie können es ihr nie recht machen. Der Antreiber wird Sie noch mehr in den Stress gehen lassen, vieles zu erledigen. Die Perfektionistin wird immer sagen: „Das können wir noch besser." Das Innere Kind kann wütend, verzweifelt, traurig, bockig, trotzig, freudig, neugierig, kuschelig, liebesbedürftig sein.

Machen Sie sich die Stimmen bewusst, damit Sie verantwortungsbewusst agieren und reagieren können. Sprechen, handeln und fühlen Sie so, als wären es gute Freunde. Denken Sie bitte daran, diese Stimmen kamen, um Sie zu schützen.

Nehmen wir an, Sie führen ein Streitgespräch. Nach diesem Gespräch fühlen Sie sich unverstanden, und Sie reagieren mit Trotz und machen zu. Fragen Sie sich innerlich nach dem Gespräch: „Wer ist gerade trotzig?" Nehmen Sie den ersten Gedanken. Finden Sie so für sich heraus, welcher Teil was sagt und warum dieser Teil so handelt. **Wir reagieren aus unseren Erfahrungen heraus.** Nur Sie haben die Macht, diese Erfahrung zu einer neuen Erfahrung zu machen. Indem Sie bewusst auf das trotzige Kind zugehen, fragen, was los ist, und sich seiner annehmen, kann die Situation „Streitgespräch“ beim nächsten Mal anders ablaufen.

Und statt eines Busses haben Sie vielleicht ein Auto, ein Ruderboot, ein Segelschiff, ein Flugzeug, ein Orchester – was auch immer.

So lernen Sie sich immer besser kennen und können dementsprechend anders reagieren.

Sie sind der Teamchef!

Fangen Sie an, Ihr Team kennen und lieben zu lernen. Dem Chef einer Firma nützen Mitarbeiter nicht, die gegen ihn arbeiten. Er kann seinen Laden schließen.

Kleine Heike: *„Ich finde Heike toll als Teamchef. Sie sieht mich. Spielt mit mir. Kuschelt mit mir. Wenn ich traurig bin, tröstet sie mich. Ich finde, sie ist wie eine Mama zu mir.“*

Kritikerin: *„Aber als ich Chef war und den Bus gesteuert habe, da ging es mir viel besser!“*

Kleine Heike: *„Als du den Bus gesteuert hast, waren alle anderen so schlecht drauf. Alle saßen im Bus mit hängenden Köpfen. Keiner lachte.“*

Antreiber: *„Als ich den Bus gesteuert habe, da waren wir verdammt flott unterwegs. Da gab es auch so manches Mal ein Knöllchen.“*

Perfektionistin: *„Als ich den Bus gesteuert habe, hat wenigstens alles geklappt. Da kam Heike nie zu spät. Jetzt, wo sie den Bus fährt, wird sie auch schon mal unpünktlich.“*

Beschützer: *„Gut, dass keiner wusste, dass ich hinter denen am Steuer stand und sie beschützt habe.“*

Kontrolleur: *„Gut, dass ich hinten im Bus saß und alles unter Kontrolle hatte.“*

Teamchef (Ich): „Gut, dass ich jetzt den Bus steuere und so wertvolle Fahrgäste habe.“

Atem – warum wird der angesprochen? Der ist doch einfach da!

Was fällt Ihnen zum Atem ein?

Schreiben Sie alles auf, was Ihnen einfällt.

Denken Sie daran, Sie brauchen immer nur ehrlich zu sich selbst zu sein.

Zum Beispiel:

Brauche ich nicht darüber nachdenken, tue ich ja.

Atem kommt und geht.

Es atmet mich.

Atem ist Leben.

Ohne Atem kein Leben.

Und jetzt Sie:

Was haben Sie über Ihren Atem herausgefunden?

Und warum wollte ich, dass Sie über den Atem nachdenken?

Ohne dieses Wunder „Atem“ wären Sie und ich nicht hier auf der Erde.

Atem ist Leben! Leben Sie? Ja, ich weiß, dass Sie leben! Aber leben Sie, **lassen Sie das Leben in sich hinein?**

Beobachten Sie für eine Minute Ihren Atem-Rhythmus.

Legen Sie das Buch für eine Minute aus der Hand und tun Sie es. **Jetzt!**

Pause.

Was haben Sie über Ihren Atem herausgefunden?

Atmen Sie tief in die Brust hinein? Atmen Sie tief in den Bauch hinein? Atmen Sie flach ein, flach aus? Bewegen sich der Bauch oder die Brust bei Ihrer Atmung? Atmen Sie lieber in die Brust oder in den Bauch? Ist das Zwerchfell bei Ihrer Atmung involviert?

Zu 90 Prozent haben wir Menschen einen flachen Atem. Der Atem kommt, wir machen eine Pause, der Atem geht, wir machen wieder eine Pause. Wenn Sie Babys beobachten, geht der Atem folgendermaßen: Einatmen, Ausatmen, Einatmen, Ausatmen. Die Babys machen keine Pausen. Wieso machen wir eine Atempause? Wieso atmet jeder Mensch unterschiedlich? Weil jeder Mensch sich ein Atem-Muster angeeignet hat. Und die Babys haben noch nicht so viele Muster. Wir legen diese Muster im Laufe unseres Lebens an.

Wenn Sie flach einatmen, behaupte ich, dass Sie das volle Leben nicht in sich hineinlassen.

Wenn Sie wenig ausatmen, behaupte ich, dass Sie schlecht loslassen können.

Wenn Sie den Atem herauspressen, behaupte ich, dass Sie stark unter Druck oder Anspannung stehen.

Dieses behaupte ich natürlich nur für den Fall, dass Sie gesund sind. Im Krankheitsfall kann sich die Atmung verändern.

In meinen Seminaren ermutige ich die TeilnehmerInnen, tief einzuatmen. So tief, dass der/die NachbarIn die Person hören kann. Bei der ersten Ermutigung passiert in den meisten Fällen nichts. Bei der zweiten Ermutigung atmet der eine oder andere schon mal ein bisschen lauter. Jedoch nicht zu sehr. Interessant! Auf Nachfragen erzählen mir die TeilnehmerInnen, dass sie nicht auffallen wollen, die anderen nicht stören wollen. In den seltensten Fällen heißt es: „Ich weiß nicht, wie."

Sie sehen, auch hier, beim Atmen, fallen Muster an, die wir uns angeeignet haben.

In Konfliktsituationen sind wir – wie Sie das aus dem Voice Dialogue kennen – identifiziert mit Emotionen wie zum Beispiel Wut, Hilflosigkeit, Verzweiflung, Trotz und Empörung.

Wir fühlen uns persönlich angegriffen und reagieren aus unseren Emotionen heraus. Zur eigenen Sicherheit bauen wir einen Schutzschild auf. Es zählen nur noch Angriff oder Flucht.

„Mir bleibt die Luft weg", „Er/sie raubt mir den Atem", „Ich ringe um Luft", „Meine Brust ist so eng", „Ich habe einen Stein auf der Brust liegen" – all das sind Ausdrücke, die wir kennen. Was macht mein Atem in Konfliktsituationen oder bei Druck und Anspannung? Atme ich noch, oder halte ich die Luft an?

Wir brauchen den Atem, den Sauerstoff. Beim Einatmen gelangt der Sauerstoff über die Blutbahnen in unseren gesamten Organismus, hält uns am Leben. Wenn wir uns bewusst Zeit für unseren Atem nehmen, nehmen wir uns bewusst Zeit für uns.

Es ist ja auch nicht so, dass wir montags einatmen und am Samstag wieder ausatmen. Wir atmen einfach. Es passiert.

Schenken Sie Ihrem Atem Aufmerksamkeit. Schenken Sie Ihrem Leben Aufmerksamkeit!

Machen Sie sich mit der nächsten Übung ein Geschenk.

Übung: Ich spür' mal in meine Räume rein

Gehen Sie auf Entdeckungsreise. Seien Sie neugierig wie ein Kind. Nehmen Sie sich jeweils fünf bis zehn Minuten Zeit für die jeweilige Übung.

TeilnehmerInnen aus meinen Seminaren berichten, dass sie sich nach den Übungen entspannter und ausgeglichener fühlen. Die Konzentration auf den Atem zu richten ist gleichzusetzen mit einer Meditation.

Bauchatmung

Sie liegen auf dem Rücken, die Beine fallen leicht auseinander, und die Augen sind geschlossen. Sollten Sie Beschwerden mit dem unteren Rücken haben, so stellen Sie die Beine auf. Die Hände liegen auf dem Bauchnabel. Sie können diese Übung auch im Sitzen machen.

In der ersten Phase lassen Sie den Atem sanft in den Bauch hineinfließen. Anders ausgedrückt: nicht Sie atmen, sondern es atmet Sie. Dabei wölbt sich der Bauch nach außen, das Zwerchfell wird angespannt, und nach unten gezogen, und die unteren Flügel der Lunge werden mit Luft gefüllt. Dadurch, dass das Zwerchfell nach unten gezogen wird, werden die Bauchorgane wie Milz, Nieren und Magen vom Zwerchfell sanft massiert. Atmen Sie durch die Nase ein und durch den leicht geöffneten Mund wieder aus.

Beim Ausatmen spannen Sie am Ende die Bauchmuskulatur ein wenig an und ziehen damit den Bauch ein wenig ein. Atmen Sie so lange aus, bis der Impuls zur Einatmung von allein kommt.

Bitte achten Sie darauf, dass der Atem nicht gepresst wird; er kommt und geht von selbst.

Brustkorbatmung

Sie liegen auf dem Rücken, die Beine fallen leicht auseinander, und die Augen sind geschlossen. Sollten Sie Beschwerden mit dem unteren Rücken haben, so stellen Sie die Beine auf. Die Hände liegen sanft auf dem Brustkorb. Sie können diese Übung auch im Sitzen machen.

Lenken Sie Ihre Aufmerksamkeit zu Ihrem Brustkorb.

Atmen Sie durch die Nase ein und durch den leicht geöffneten Mund wieder aus. Einatmend dehnt sich der Brustkorb, ausatmend senkt sich der Brustkorb.

Während sich bei der Brustkorbatmung der mittlere Teil der Lunge mit Luft füllt, bleiben Schultern und Bauch unbeweglich.

Rippenatmung

Sie liegen auf dem Rücken, die Beine fallen leicht auseinander, und die Augen sind geschlossen. Sollten Sie Beschwerden mit dem unteren Rücken haben, so stellen Sie die Beine auf. Die Hände liegen sanft seitlich auf den Rippenbögen. Sie können diese Übung auch im Sitzen machen.

Lenken Sie Ihre Aufmerksamkeit zu den Rippen.

Atmen Sie durch die Nase ein und durch den leicht geöffneten Mund wieder aus.

Beim Einatmen ziehen Sie den Bauch zu Ihrer Wirbelsäule, die Rippen dehnen sich dabei, beim Ausatmen lösen Sie die Anspannung der Bauchmuskulatur wieder und atmen durch den leicht geöffneten Mund aus.

Diese Atmung hat auch gleich positive Auswirkungen auf Ihren Körper: Der Blutkreislauf für die inneren Organe wird angeregt, die Nerven werden beruhigt, Angstzustände werden gemindert, Schlackenstoffe können besser abtransportiert werden, das Gehirn wird mit mehr Sauerstoff versorgt und somit leistungsfähiger, die Muskeln sind entspannter, der Körper wird mit Energie aufgeladen, die Verdauung wird angeregt.

So aufgeladen mit neuer Energie und total entspannt können Sie sich nun eine **Schatz-**...

...-Kiste für Ihr Selbstbewusstsein basteln

Kritikerin: *„Wozu brauchst du die denn? Ist doch alles supi!"*

Ich: „Die brauche ich, wenn ich dir zu viel Macht in mir gegeben habe. Wenn ich dir die Erlaubnis gegeben habe, mich runterzuziehen. Mich wertlos zu fühlen, zum Beispiel keine gute Mutter zu sein. Wenn ich das Gefühl habe, unzufrieden mit mir und der ganzen Welt zu sein. Dann hast du gute Arbeit geleistet."

Kritikerin: *„Oh, danke schön. Aber so eine Kiste schwächt mich. Die schiebt mich in die letzte Reihe im Bus. Da sitze ich gar nicht gerne. Von da aus kann ich nicht gut arbeiten."*

Ich: „Naja, auch du brauchst mal eine Pause."

Kritikerin: *„Ich fühle mich nicht ernstgenommen von dir."*

Ich: „Entschuldige bitte."

Kritikerin: *„Ich bin ja schon froh, dass du die Kiste in den Schrank gestellt hast. Vor ein paar Jahren hast du noch jeden Tag in diese doofe Kiste geschaut. Das war kaum auszuhalten."*

Ich: „Ich danke dir, liebe Kritikerin. Jetzt wissen die LeserInnen, wofür sie diese Kiste brauchen."

Übung: Jetzt wird gebastelt!

Meine Kritikerin hat Ihnen schon alles erzählt. Sie brauchen diese Schatzkiste, wenn Sie schlecht drauf sind und kein gutes Haar mehr an sich lassen. Wenn die Wertlosigkeit und die Einsamkeit Sie überrollen. Wenn die Angst Sie fest im Griff hat und Sie die Liebe nicht mehr spüren können.

Bitten Sie Ihre Familie, Ihre Freunde oder ArbeitskollegInnen, Ihnen Karten zu schenken, auf denen geschrieben steht, was sie toll an Ihnen finden.

Ein Beispiel:

Liebes Schwesterherz,

danke, dass es dich gibt! Du machst mein Leben mit deiner Leichtigkeit reicher. Ich liebe deinen Humor. Du hast mich oft getragen, und dafür danke ich dir von ganzem Herzen. Ich freue mich auf viele schöne Jahre mit dir.

In Liebe

Dein Schwesterherz

Holen Sie sich zum Beispiel einen Schuhkarton. Gestalten Sie diesen Karton in Ihren Lieblingsfarben, mit tollen Motiven, und legen Sie die geschenkten Karten in diese Schatzkiste.

Sie können auch Urlaubserinnerungen in diese Schatzkiste legen: Steine, Muscheln, kleine Briefe von Ihren Lieben. Die Möglichkeiten sind grenzenlos.

Immer dann, wenn die Innere Kritikerin oder eine andere Stimme Sie heruntergeputzt hat, holen Sie sich die Schatzkiste und lesen Sie diese wunderbaren Karten durch. Machen Sie es sich mit einer Tasse Kaffee oder Tee gemütlich.

All das, was auf den Karten steht, sind Sie!

Und das, was auf den Karten steht, bestimmt auch schon das nächste Kapitel.

Die Stimmen in Ihrem Kopf sind Stimmen in Ihrem Kopf. Punkt.

Die Liebe

Ich lechze danach!

Wenn du mir sagst, dass ich ein wunderbarer

Mensch bin,

fühle ich mich von dir geliebt.

Wenn du in mein Lachen einstimmst,

fühle ich mich von dir geliebt.

Wenn du bei mir bist, fühle ich mich von dir geliebt.

Wenn du mich hältst, fühle ich mich von dir geliebt.

Wenn du mich tröstest, fühle ich mich von dir geliebt.

Wenn du mich annimmst, mit all meinen Fehlern,

fühle ich mich von dir geliebt.

Wenn du mich aushältst, so wie ich bin,

fühle ich mich von dir geliebt.

Wenn du mich so anerkennst, wie ich bin, obwohl ich mich noch nicht so anerkennen kann, fühle ich mich von dir geliebt.

Wenn du meine Seele liebst, obwohl ich sie noch nicht lieben kann,

fühle ich mich von dir geliebt.

Ich lechze nach deiner Anerkennung und Liebe, weil ich sie mir noch nicht geben kann.

Mein Herz dankt dir.

(dies Gedicht ist von mir)

Das Höchste, wonach wir Menschen streben, sind Liebe und Anerkennung. Wir wünschen uns die Anerkennung anderer Menschen so sehr. Vater und Mutter, Freunde, Chef oder Kollegen. „Sag' mir, dass ich gut bin. Dass ich alles richtig mache. Lobe mich für meine tolle Arbeit." Bleibt die Anerkennung aus, schimpfen wir auf die anderen Menschen. Kommt die Anerkennung, können wir sie nicht annehmen: „Ach, das hab' ich doch gerne gemacht" oder „Das war doch nicht der Rede wert" sind Ausdrücke dafür. Ja, was sollen die anderen denn dann tun? Loben oder nicht? Es darf anerkannt werden, dass nur wir uns die Anerkennung geben können. Manche von Ihnen werden den Satz **„Eigenlob stinkt!"** in den Ohren haben. Viele Menschen sind mit diesem Satz aufgewachsen. Lassen Sie sich von mir gesagt sein: Lassen Sie diesen Satz los! Schmeißen Sie ihn **in die Mülltonne!"**

Wir sind so darauf getrimmt worden, dafür zu sorgen, dass es den anderen gutgeht, dass wir uns dabei vergessen haben. **Denken Sie um! Wenn es Ihnen gutgeht, geht es auch allen anderen gut!**

Denken Sie daran: Sie sind der Chef in Ihrem Kopf. Sie können umdenken!

Übung: Ich bin toll, und das sag' ich mir sogar vor einem Spiegel, direkt ins Gesicht

1. Erkennen Sie sich selbst an

Bevor Sie einschlafen, geben Sie sich eine, zwei oder drei Anerkennungen für etwas, das Sie an diesem Tag gut gemacht haben. Dabei denke ich oft an meine Freundin, die sich einmal dafür eine Anerkennung gab, dass sie das Licht auf der Toilette ausgemacht hatte. Es müssen also nicht die großen Dinge sein.

Und an einem anderen Tag sagen Sie sich, wofür Sie dankbar sind.

Bei diesen beiden Sätzen wird Ihnen bewusst, dass Sie ein wunderbarer Mensch sind und reich beschenkt werden vom Leben.

Und immer schön weitermachen! Ein Muskel baut sich auch nicht in zwei Tagen auf.

Legen Sie sich ein kleines Buch neben Ihr Bett.

Aufschrift: Anerkennungs-Buch.

Was mir heute gut gelungen ist:

Ich habe daran gedacht, das Licht auf der Toilette auszumachen.

Ich habe richtig guten Kaffee gekocht.

Ich habe meine Nachbarin gegrüßt.

Ich habe daran gedacht, mich anzuerkennen.

Ich habe mich heute Morgen im Spiegel angelächelt.

Schreiben Sie jeden Tag fünf Dinge auf, für die Sie sich anerkennen. Mögen sie noch so klein sein. **Tun Sie es!**

Nach zwei Wochen fangen Sie an, Dinge an Ihrem Partner oder Ihren Kindern wertzuschätzen.

Schatz, ich fand es sehr schön, dass wir heute mit dem Fahrrad unterwegs waren.

Ich danke dir dafür, dass du mich heute Morgen geweckt hast.

Schnucki, du hast so lecker gekocht. Danke dafür.

Mein Engel, wie schön, dass es dich gibt.

Ich höre Sie schon sagen: „Na, eigentlich könnte mein Partner/meine Partnerin das ja auch mal machen!" Hören Sie sich diesen Gedanken an und sagen Sie sich innerlich: „Ich kann mein Bedürfnis nach Anerkennung gut wahrnehmen." Dann fahren Sie mit der Anerkennung für Ihren Partner fort. **Tun Sie es!**

Je mehr Sie in eine Beziehung hineingeben, desto mehr bekommen Sie zurück – und was Sie geben, erfüllt auch Sie.

Einige meiner Fahrgäste wollen sich gern anerkennend äußern:

Kleine Heike: *„Ich will dir auch mal was Tolles sagen. Also, ich finde es super, dass du dir immer öfter Zeit für mich nimmst. Obwohl wir Februar haben, hast du gestern mit mir ein Eis gegessen. Das ist dir sonst immer zu kalt. Und das war lecker!"*

Antreiber: *„Na, dann mach' ich mal weiter. Also, ich finde es gut, dass wir immer mehr und mehr zu einem Team zusammenwachsen."*

Perfektionistin: *„100-prozentig!"*

Gute Mutter: *„Du gibst wirklich dein Bestes, Heike. Ich bin stolz auf dich und unser Ergebnis."*

Erschöpfte: *„Gut, dass du die Ausbildung zur Entspannungspädagogin gemacht hast! Da komm' ich voll auf meine Kosten."*

Intuition: *„Ich drück' dich, meine Liebe."*

Kritikerin: *„Äh, ja, also, was soll ich sagen ... Damit bin ich echt überfordert. Da fällt mir gerade nix ein."*

Ich: „Das hätte mich auch gewundert!"

Beschützer: *„Ich bin gerne bei dir!"*

Kontrolleur: *„Alles paletti!"*

2. Spiegelarbeit

Stellen oder setzen Sie sich vor einen Spiegel. Es geht immer wieder um Ihre Akzeptanz. Sich so zu sehen, wie Sie sind. Sie können an einigen Stellen Ihres Körpers nichts verändern. Er ist so, wie er ist. Sie können allerdings Ihre Einstellung zu sich selbst verändern.

Wenn Sie seit dreißig Jahren zum Beispiel Ihre Nase nicht mögen oder die Beine zu dick oder zu dünn finden, haben Sie sich dreißig Jahre lang gesagt: „So, wie ich bin, bin ich nicht in Ordnung." Hat es etwas verändert in Ihrem Leben, wenn Sie Ihre Nase oder die Beine nicht mögen? Nein? Sind Sie dann bereit, einen anderen Weg einzuschlagen?

Gut.

Schauen Sie sich im Spiegel an. Die Augen, die Ohren, den Mund, die Arme; jedes einzelne Körperteil. Nur anschauen, ohne Bewertung. Ja, so sehen meine Augen aus. Und ja, so sehen meine Ohren aus. Und so weiter.

Dann schauen Sie, was Sie an sich mögen. Irgendetwas wird es geben, und wenn es die rechte große Zehe ist.

Dann schauen Sie, was Sie an sich nicht mögen. Und dann blicken Sie in Ihren Rucksack. Ist da noch ein Glaubenssatz versteckt? Oder hat ein Mensch irgendwann in Ihrem Leben gesagt, dass mit Ihrem Äußeren etwas nicht stimmt?

Ein Beispiel: Marie, dreißig Jahre alt, steht vor dem Spiegel und mag ihre Beine nicht. Zu dick, und Krampfadern schlängeln sich an den Beinen von unten nach oben. Marie schaut in ihren Rucksack und findet folgende Situation: Sie ist elf Jahre. In der Schule hört sie, wie zwei Freundinnen sich unterhalten und sagen: „Marie hat ganz schön dicke Beine."

Was, glauben Sie, wird Marie fühlen?

Nichts! Sie wird es sofort in ihren Rucksack stecken. So tun, als hätte sie nichts gehört. Unbewusst läuft dieser Satz in ihr weiter. Wie ein Tonband: „Ich habe dicke Beine. Ich habe dicke Beine."

Was könnte sie jetzt, mit dreißig Jahren, tun, um ihre Beine zu akzeptieren?

Sie könnte sich die Kleine Marie vorstellen und ihr zuhören, wie sie sich damals gefühlt hat. Sie wird sich vielleicht geschämt, sich minderwertig gefühlt haben. Vielleicht hatte sie Angst, nicht mehr gemocht zu werden? Die Große Marie könnte die Kleine Marie fragen, was sie braucht, und ihr den Satz sagen, den sie so gerne hören möchte:

„So, wie du bist, bist du in Ordnung."

Danach fängt Marie an, ihre Beine zu akzeptieren.

Wir Menschen sind so sehr von unserer Umwelt abhängig, dass wir den anderen Menschen mehr glauben als uns selbst. Ein Satz hat bei Marie ausgelöst, dass sie sich in ihrem Körper nicht wohl fühlte. Ein Satz kann ein Leben verändern.

Auch ins Positive. Fangen Sie an, nachdem Sie den alten Glaubenssatz gefühlt haben, einen neuen zu schaffen.

„So, wie ich bin, bin ich richtig. "

Oder:

„Ich akzeptiere an mir, dass ich ..."

Sie können gern den neuen Glaubenssatz auf einen Zettel schreiben und in Ihrer Wohnung aufhängen oder sich einen Memo-Gedanken in Ihr Handy speichern, der dann stündlich aufpoppt. Welche Ideen haben Sie selbst noch?

Dankbarkeit

Dankbarkeit zeigt Ihnen auf, was Sie in Ihrem wunderbaren Leben schon alles besitzen. In unserem Mangel-Bewusstsein vergessen wir häufig, was wir alles im Leben schon geschafft haben, was uns gehört, wie gesund wir sind, was wichtig ist in unserem Leben.

Sie haben hier Platz für Ihre Dankbarkeit. Fangen Sie die Sätze immer so an: „Ich bin dankbar für ...“. Sie kennen diese Übung aus dem Kapitel über Angst.

Ein Beispiel:

„Ich bin dankbar für mein Leben.“

Gönnen Sie sich einen wohligen Atemzug in die Brust und lassen Sie den „Ausatem“ in den Bauch fallen. Fühlen Sie die Dankbarkeit.

„Ich bin dankbar für meine Gesundheit.“

Gönnen Sie sich einen wohligen Atemzug in die Brust und lassen Sie den „Ausatem“ in den Bauch fallen. Fühlen Sie die Dankbarkeit.

„Ich bin dankbar für meinen Mann.“

Gönnen Sie sich einen wohligen Atemzug in die Brust und lassen Sie den „Ausatem“ in den Bauch fallen. Fühlen Sie die Dankbarkeit.

Schreiben Sie einfach auf, was Ihnen einfällt, ohne zu überlegen. Einfach loslegen. Wenn Ihnen nichts mehr einfällt, schreiben Sie weiter:

„Ich bin dankbar für ...“

Gönnen Sie sich einen wohligen Atemzug in die Brust und lassen Sie den „Ausatem“ in den Bauch fallen. Fühlen Sie die Dankbarkeit.

„Ich bin dankbar für ...“

Gönnen Sie sich einen wohligen Atemzug in die Brust und lassen Sie den „Ausatem“ in den Bauch fallen. Fühlen Sie die Dankbarkeit.

Und auf einmal kommt der Impuls, und Ihnen fällt etwas Neues ein, für das Sie dankbar sind.

"Ich bin dankbar für meine Tochter.“

Gönnen Sie sich einen wohligen Atemzug in die Brust und lassen Sie den „Ausatem“ in den Bauch fallen. Fühlen Sie die Dankbarkeit.

Ich wünsche Ihnen viel Freude beim Aufschreiben Ihres inneren Reichtums.

Los-lassen

In diesem Wort stecken gleich zwei fantastische Wörter: los und lassen.

Na, dann los! Lassen Sie mich folgende schöne Begebenheit erzählen:

2010 war ich zur Kur in Oberstdorf. In dieser Zeit kristallisierte sich heraus, dass einige meiner Gefühle wie Selbsthass, Verzweiflung, Trauer nicht mehr stimmig waren. Mich ungeliebt und wertlos zu fühlen. Dieses Denken: „So, wie ich bin, bin ich nicht richtig. Ich darf keine Gefühle zeigen." Aber auch Hilflosigkeit, Schwere, Unsicherheit, eine schlechte Mutter zu sein – all das passte nicht mehr zu meinem Leben. Innerlich konnte ich regelrecht fühlen, dass diese Gefühle sich verabschieden wollten. Doch war ich schon so weit, mich von ihnen zu verabschieden? Diese liebgewonnenen Gefühle, die mich so lange begleitet hatten? Was war denn, wenn sie weg wären? Käme dann etwas Neues auf mich zu? Vielleicht sogar etwas Gutes? Alles in mir schrie: „Tu' es!"

Ich tat es. In einer Gruppen-Therapie-Stunde stellte der Therapeut einen Pinguin, einen Hund und einen Teppich in den Raum. Wir standen um die Gegenstände herum. Ich wusste nicht, was kommt, sagte jedoch intuitiv, dass ich gerne etwas auflösen und loslassen möchte. Der Therapeut sagte mir, dass ich mich auf den Teppich stellen soll, und sagte: „Willkommen auf dem Teppich des Selbstmitleids!" Ich fühlte mich sofort sauwohl! Endlich konnte ich mich mal so richtig gehen lassen. Mich öffentlich in meinem Leid suhlen. Herrlich! Und all meine so vertrauten Gefühle waren bei mir: Selbsthass, Wertlosigkeit, Trauer, Verzweiflung. Nach einiger Zeit wurde mir klar, dass ich diesen Teppich irgendwann verlassen musste. Ich konnte nicht ewig darauf bleiben. Er fühlte sich nach einiger Zeit auch nicht mehr so behaglich an. Und ich wollte schon heruntergehen. Doch beim ersten Schritt wurde mir total schwindelig. „Bleib stehen“, sagte der Therapeut, „du gehst zu schnell. Was brauchst du noch?“

Ich stellte mir den Hund mit auf dem Teppich, neben mich. Dieser Hund gab mir symbolisch Sicherheit und Schutz. Der Pinguin symbolisierte meine Kleine Heike. Ich nahm den Pinguin auf den Arm und fing bitterlich an zu weinen. Mein ganzes bisheriges Leben lang hatte diese kleine Maus geglaubt, dass sie schlecht sei. Dass sie ungewollt und ungeliebt sei. Darin fühlte sie sich zu Hause. Und jetzt war ich (die Große Heike) scheinbar so weit, endlich dieses Leid zu verlassen, und es schwindelte mich dermaßen, dass ich nicht von diesem Teppich heruntergehen konnte!

Was war passiert? Ich machte mir etwas vor, wenn ich glaubte, ich könnte dieses Leid mal eben so verlassen. Da fehlten noch einige Schritte dazwischen. Die Würdigung zum Beispiel, diese vertrauten Gefühle – auch wenn sie noch so quälend waren – in den Arm zu nehmen und zu verabschieden. In Liebe.

Also wagte ich mich bis an den Rand des Teppichs vor. Dort konnte ich ohne Schwindel gut stehen. „Step by Step“, sagte mein Therapeut, und dann war die Sitzung vorbei.

Doch das Wichtigste habe ich aus der Sitzung mitgenommen: Ich war bereit, diese Gefühle loszulassen! Ich erinnerte mich, dass eine Kollegin in einer Sitzung zu mir sagte: „Heike, du brauchst nur die Bereitschaft, etwas zu verändern. **Mit der Bereitschaft machst du den ersten Schritt. Ohne diese Bereitschaft passiert nichts!**“ Und ich hatte sie, die Bereitschaft!

Jetzt brauchte ich nur noch abzuwarten. Ins Vertrauen zu gehen. Geduld zu haben! Warten, Geduld – nicht gerade meine Stärke, es wird jedoch immer besser!

Eines Tages ergab sich die Gelegenheit. Wir sollten in Zweier-Gruppen ein Los-lass-Ritual kreieren.

Ich ging Steine sammeln. Große Steine, kleine Steine, viele Steine. Diese Steine legte ich vor mich hin und beschrieb sie mit den Gefühlen, die ich loslassen wollte. Es waren so viele. Jeden Stein nahm ich liebevoll in die Hand und bedankte mich bei diesem Gefühl, dass es mich so lange begleitet hat. Es war berührend und tränenreich. Es dauerte eine Stunde. Danach nahm ich die Steine und legte sie behutsam in meinen Rucksack, setzte ihn auf und wollte durch Oberstdorf zu einem Fluss gehen und die Steine dort hineinlegen. Beim Aufsetzen des Rucksacks ging ich schon leicht nach hinten. Mein Gott! Was hatte ich da die ganze Zeit herumgeschleppt! Kein Wunder, dass ich Rückenschmerzen hatte. Also machte ich mich auf den Weg. Ging ganz langsam. In Oberstdorf angekommen, schaute ich hier noch in Geschäfte, trank da noch einen Latte ... Ich hörte mich innerlich sagen: „Hey, Heike, was ist los? Willst du denn nicht die Steine wegbringen?“ Ja, schon – aber ich hatte Angst. Was, wenn diese Gefühle weg sind? Was passierte denn dann? Doch da war eine Stimme in mir, die mir sagte: „Vertrau’ mir, alles wird gut.“

Können Sie sich das vorstellen? Da laufe ich mit einem Rucksack, der wirklich schwer ist, durch Oberstdorf und stehe bildlich noch immer auf dem Teppich mit Namen Selbstmitleid. Und ich liebte mein Selbstmitleid!

Ich wollte jedoch auch nicht wieder mit den Steinen in der Kurklinik auflaufen. Also ging ich zum Fluss und legte die Steine hinein. Und je mehr Steine ich diesem Fluss übergab, desto mehr Freude machte sich in mir breit. Glücksgefühle waren in mir zu fühlen. Wärme im Bauch. Es war berauschend! Und vor diesen tollen Gefühlen hatte ich Angst? Schon verrückt! Ich ging erleichtert zur Klinik zurück und fing an, neue Gefühle auf kleine Kärtchen zu schreiben:

Ich bin wertvoll.

Ich liebe mich.

Ich achte mich.

Ich bin richtig so, wie ich bin.

Ich darf Gefühle zeigen.

Ich nehme meine Bedürfnisse wahr und spreche sie aus.

Ich darf Angst haben.

Ich darf Fehler machen.

Ich bin erfolgreich.

Ich bin liebenswert.

Ich bin offen.

Ich mache mich glücklich.

Ich bin verantwortlich für mein Leben.

Ich darf sein mit all meinen Gefühlen.

Ich bin Frau/Mutter/Freundin.

Ich nehme mein verletztes Kind wahr und zu mir.

Ich bin willkommen.

Ich setze Grenzen.

Ich darf meine Verletzbarkeit zeigen.

Ich bin mutig.

Ich bin leidenschaftlich.

Ich bin Freude.

Ich bin mir und anderen nahe.

Ich darf Heilung annehmen.

Ich bin in Sicherheit.

Ich fühle mich leicht.

Ich nehme mich wichtig.

Ich bin zärtlich.

Ich bin Kraft.

Ich bin ehrlich zu mir und anderen.

Ich darf bedürftig sein.

Ich lasse los.

Ich darf Reichtum empfangen.

Ich vertraue meinen Gefühlen und Fähigkeiten.

Reich! Ich fühlte mich unendlich reich! Eine reiche Gefühlswelt setzte sich in mich.

Das war 2010. Ich habe die Kärtchen mit nach Hause genommen. Sie haben einen Platz in einer Schale gefunden. Einmal in der Woche gehe ich zu dieser Schale, ziehe ein Kärtchen heraus und freue mich über diesen Reichtum.

Von vielen Menschen hören wir: „Ach, du musst nur loslassen. Dann klappt das auch." Du musst deine Arbeit loslassen. Dein Kind loslassen, das du zwanzig Jahre lang betüdelt und umsorgt hast. Alte Strukturen loslassen – und so weiter. Die Liste ist endlos.

Was macht das Loslassen so schwierig? Es hat einen Sinn, an alten Mustern festzuhalten, scheint es auch noch so verrückt. Alle unsere Muster und Strategien haben einen Sinn. Sie sind sogenannte Überlebens-Strategien. Und jeder Mensch hat seine eigenen.

Ein Beispiel: Wir alle wollen geliebt werden. Viele von uns haben jedoch panische Angst davor, geliebt zu werden. Paradox, oder? Wenn uns dann ein Mensch sehr nahekommt, versuchen wir, auf Abstand zu gehen. Wir wollen uns in Sicherheit wiegen. Die Strategie kann sein, einen Streit heraufzubeschwören, Dates zu vereinbaren, zu putzen, sich hinter unseren Kindern zu verstecken – was auch immer. Wir brauchen diese Strategien so lange, bis wir sie uns bewusst gemacht haben. Herausgefunden haben, warum wir so handeln. Dieses dann fühlen, um für uns eine neue Entscheidung zu treffen. Bevor sie schließlich losgelassen werden, würdigen Sie diese liebgewonnenen Gefühle. Denn auch wenn sie noch so quälend waren, hatten sie einen Sinn. Nehmen Sie sie liebevoll in den Arm, um sie zu verabschieden. In Liebe. Söhnen Sie sich mit ihnen aus.

Es erfordert Mut, sich mit sich auseinanderzusetzen. Seien Sie mutig! Es lohnt sich. Ich bin in meinem bisherigen Leben – bildlich gesehen – schon so oft gesprungen. Ich habe es nie bereut. Bereut habe ich nur, nicht eher gesprungen zu sein.

Haben Sie auch ein liebgewonnenes Muster, das Sie gerne loslassen möchten?

Wie könnte Ihr Ritual aussehen?

Nehmen Sie sich einige Minuten Zeit und schreiben Sie Ihre Gefühle und Muster auf, die Sie loslassen möchten.

Ich möchte

____

loslassen.

Ich möchte

____

loslassen.

Ich möchte

____

loslassen.

Ich möchte

____

loslassen.

Ich möchte

____

loslassen.

Ich möchte

____

loslassen.

Ich möchte

____

loslassen.

Auf den nächsten Seiten finden Sie Rituale, die Sie dabei unterstützen, los-zu-lassen.

Übung: Ich bin bereit, los-zu-lassen

Dies ist der erste Schritt! Die Bereitschaft zur Veränderung!

Sie können diese Übung mit einem Partner/einer Partnerin oder allein machen

Denken Sie daran: Sie sind nicht die Wut, die Trauer, die Angst, der Hass, die Scham, die Schuld. Das sind Gefühle von Ihnen. Denken Sie daran: Da sind auch Liebe, Lust, Lebensfreude, Sicherheit.

Partnerübung:

Stellen Sie sich in einem Abstand von etwa zwei Metern gegenüber. Sprechen Sie laut aus, was Sie loslassen möchten.

Ein Beispiel:

„Ich bin bereit, die Schwere in meinem Leben loszulassen."

Der Partner fragt: „Bist du zu 100 Prozent bereit, die Schwere loszulassen?"

Sie antworten: "Es sind noch keine 100 Prozent. Jedoch kommt die Zahl 80 Prozent in meinen Kopf."

Partner: „Was sind die restlichen 20 Prozent?"

Sie: „Angst. Ich weiß nicht, was dann auf mich zukommt."

Partner: „Was brauchst du, um 100 Prozent zu erreichen?"

Sie: „Ich brauche Halt."

Partner: „Wer soll dir diesen Halt geben?"

Sie: „Meine Eltern."

Partner: „Gut. Stelle dir vor, dass deine Eltern hinter dir stehen."

Sie: „Meine Eltern stehen in meiner Vorstellung jetzt hinter mir."

Partner: „Gut. Dann atme diesen Halt ein. Lass dieses Gefühl von Gehaltensein in jede Zelle deines Körpers fließen. Gib mir kurz ein Handzeichen, wenn du fertig bist. Nimm dir Zeit."

Sie: „O.k."

Ihr Handzeichen kommt nach einiger Zeit.

Partner: „Bist du zu 100 Prozent bereit?"

Sie: „ Ja!"

Partner: „Dann gehe einen Schritt für die Leichtigkeit in deinem Leben nach vorne."

Sie gehen einen Schritt nach vorne.

Fühlen Sie in sich hinein. Fühlt sich die Bereitschaft gut an? Falls nicht: Wiederholen Sie die Übung bitte. Bleiben Sie stehen, wo Sie stehen, und Ihr Partner fängt wieder an mit der Frage: „Bist du zu 100 Prozent bereit, die Schwere in deinem Leben loszulassen?"

Übung allein durchführen

Stellen Sie sich einen Stuhl oder einen anderen Gegenstand gegenüber, der Ihren Partner ersetzen kann. Gehen Sie Schritt für Schritt wie oben beschrieben vor und übernehmen Sie beide Rollen.

Rituale

Sie haben die 100-prozentige Bereitschaft erreicht, etwas loszulassen. Herzlichen Glückwunsch!

Falls Sie noch nicht zu 100 Prozent bereit sind, etwas loszulassen: Ich danke Ihnen, dass Sie dieses Buch weiterlesen. Herzlichen Glückwunsch!

Denken Sie noch einmal daran: Unser Kopf denkt in Bildern und behält immer das letzte Bild einer Situation im Kopf. Das neue Bild setzt sich auf das alte Bild.

Verbrennen

Nachdem Sie sich mit Ihren Gefühlen ausgesöhnt haben, können Sie das Aufgeschriebene in einem Feuer verbrennen. Sie können einen Grill, einen alten Topf oder einen Kamin nehmen.

Falls das Aufgeschriebene mit Widerwillen verbrennt (es kokelt lange vor sich hin, brennt nur zur Hälfte ab), schauen Sie bitte noch einmal, ob Sie es wirklich von Herzen loslassen wollen. Alles passiert so, wie Sie es möchten.

Zu Grabe tragen

Wenn ich Klärungsbedarf mit meinem Vater habe, der 1997 verstorben ist, schreibe ich ihm auf, was ich mit ihm zu klären habe. Dann fahre ich auf den Friedhof und besuche ihn. Es ist für mich am Grab immer tränenreich. Manchmal werfe ich ihm böse Sachen an den Kopf, manchmal bin ich traurig, manchmal freue ich mich einfach, bei ihm zu sein. In Liebe vergrabe ich meinen Zettel, auf den ich geschrieben habe, was ich loslassen möchte. Und wenn meine Mutter kommt und das Grab neu mit Blumen bepflanzt, weiß sie gleich, dass ich wieder dagewesen bin.

Sie können Ihre Los-lass-Gefühle auch im Wald verbuddeln. Es muss nicht der Friedhof sein.

In den Fluss geben

Sie können aus dem Los-lass-Gefühl-Zettel ein kleines Boot bauen und es dem Fluss, einem Bach, einem See übergeben. Lassen Sie es davonfließen.

Hinausschreien

Der Wald oder ein Feld sind dafür prädestiniert. Schreien Sie, was das Zeug hält. Falls Sie sich fragen: „Was sollen denn die Leute denken?“, machen Sie sich bewusst: Die Leute denken so oder so. Vielleicht denken sie: „Oh, Gott, was ist denn da los?“ Oder aber auch: „Mann, die/der traut sich was! So mutig möchte ich auch sein.“

Falls Sie lieber in ein Kissen schreien möchten, können Sie auch das tun.

Gefühle aufschreiben

Kaufen Sie sich ein schönes Buch, in das Sie die Gedanken schreiben, die Ihren Körper verlassen sollen. Sie können auch eine schöne Kiste basteln oder einen Schuhkarton nehmen und die aufgeschriebenen Gefühle dort hineinlegen.

Diese Übung wähle ich gern bei Kindern, mit den Worten: „Wenn ihr die Los-lass-Gefühle aufschreibt, sind sie aus eurem Körper heraus.“

Dinge an Gott abgeben

Ich gehe meine imaginäre Strickleiter wieder hoch zu Gott. Bei ihm angekommen, setze ich mich auf seinen Schoß, kuschele mit ihm und bringe ihm meine Geschenke:

„Gott, ich habe lange darüber nachgedacht, ob ich dir all mein Gerümpel geben kann. Ich hatte Angst, dass du das alles nicht tragen kannst.“

Gott lacht. Er schüttelt sich geradezu in meiner Vorstellung. Liebevoll schaut er mich an: „Heike, ich bin Gott. Ich habe alles erschaffen und ertrage alles, was die Menschen sich antun. Jeden Tag schaue ich zu, wie die Menschen voller Hass und Missgunst sind. Ich freue mich, dass du mir dein Gerümpel gebracht hast. Hast du vergessen, was ich dir mit auf den Lebensweg gegeben habe? Sei! Sei glücklich! Genieße das Leben!“

Und ich kuschele mich noch mehr in ihn hinein. Fühle mich geborgen und geliebt. Wenn ich das jetzt so aufschreibe, muss ich eine Pause machen, kuscheln gehen ...

Aus dem Körper herausbringen

Sie können sich vorstellen, dass die Los-lass-Gefühle aus Ihrem Körper **herausfließen**. Aus den Händen, aus den Armen, aus der Scheide. Alles ist möglich.

Wenn alles herausgeflossen ist, können Sie sich mit Licht oder einer Lieblingsfarbe auffüllen und sich genießen.

Sie können Gefühle aus dem Körper schütteln, von sich abschütteln. CDs von Osho (Kundalini) oder von Veeresch begleiten Sie mit Musik dabei. Unterstützen Sie sich, indem Sie viel atmen.

Sie stehen dabei auf einer Stelle und fangen an, sich zu schütteln. Der Kopf hängt dabei. Alles ist ganz locker. Lassen Sie Ihren Körper das tun, was er tun möchte. Viel schütteln, wenig schütteln. Alles ist richtig. Sie dürfen sich dabei komisch vorkommen und schütteln sich weiter. Schütteln Sie Ihre Los-lass-Gefühle ab.

Die Kundalini-CD ist in vier Teile aufgeteilt und dauert eine Stunde: 15 Minuten schütteln, 15 Minuten tanzen, 15 Minuten im Sitzen oder Liegen Klängen lauschen und 15 Minuten Stille genießen.

Lagerfeuer

Sie stellen sich ein Lagerfeuer vor. Um das Lagerfeuer sitzen Ihre Los-lass-Gefühle. Sie hören sich an, was diese zu sagen haben. Rauchen eine Friedenspfeife mit Ihnen. Lassen Sie dann gehen. Schauen Sie, was sich in Ihrer Vorstellung einstellt.

Sie können dieses Lagerfeuer auch mit Personen machen, denen Sie gerne vergeben wollen. Mit denen Sie etwas klären wollen. Anhören, würdigen, loslassen.

Sie können **Gefühle in einen Luftballon pusten.** Sie können **den Hausmüll bewusst** entsorgen, indem Sie sich vorstellen, dass Sie Los-lass-Gefühle entsorgen. Sie können sich beim **Einschäumen in der Dusche** vorstellen, dass die Seife die Los-lass-Gefühle umspült und das **Wasser** diese durch den Abfluss fließen lässt. Sie können an eine Person **einen Brief schreiben, ohne** ihn abzuschicken. Sie können sich auf einen Berg stellen, ein **Flugzeug aus Papier** basteln und es dem Himmel geben. Sie können **alte Schuhe** wegschmeißen mit dem Gedanken „Diese Schuhe passen mir nicht mehr!“ und sich schöne, neue kaufen. Sie können am Meer stehen und Steine sammeln. Betiteln Sie die Steine und werfen Sie diese ins Meer: „Liebe Mutlosigkeit, ich danke dir, das du da warst, doch jetzt lasse ich dich los.“ Und dann ab damit ins Meer!

Es gibt noch unzählige Rituale, die Sie durchführen können. Schreiben Sie mir gern, wenn Sie ein wirksames Ritual für sich gefunden haben.

Seien Sie liebevoll mit sich selbst

Kein Mensch geht mit Ihnen so hart ins Gericht wie Sie selbst. Die Innere Kritikerin, der Antreiber, die Perfektionistin, der Richter in Ihnen, sie alle leisten gute Arbeit.

Würden Sie so hart mit Ihrer besten Freundin oder Ihrem besten Freund umspringen? Würden Sie Ihre beste Freundin oder Ihren besten Freund so herunterputzen, wie Sie es manchmal mit sich selbst tun? Sie würden es nicht. Eine gute Freundin würde Ihnen sagen: „Meine Liebe/mein Lieber, jetzt reicht es. Wenn du weiterhin mit mir befreundet sein willst, möchte ich respektvoll von dir behandelt werden!"

Hier nun einige Idee, wie Sie liebevoll mit sich umgehen können:

- Schäumen Sie sich bewusst und liebevoll unter der Dusche ein.
- Berühren Sie sich liebevoll. Cremen Sie Ihren Körper mit duftenden Ölen oder Cremes ein.
- Bereiten Sie sich das Essen liebevoll zu und decken Sie für sich den Tisch liebevoll.
- Gönnen Sie sich Zeit mit sich selbst.
- Genießen Sie reuelos ein Eis.
- Loben Sie Ihre Lieben und ArbeitskollegInnen.
- Gehen Sie tanzen.
- Erzählen Sie sich einen Witz. Lachen Sie über sich selbst.

Was fällt Ihnen noch ein? Machen Sie sich eine Liste. Legen Sie diese Liste sichtbar an einen Ort, an dem Sie immer und immer wieder vorbeigehen, damit Ihre Augen die Liste sehen. Schreiben Sie Anmerkungen, Anregungen, positive Affirmationen auf kleine Zettel und verteilen Sie diese in

Ihrer Wohnung. **Geben Sie der Macht der Gewohnheit keine Chance.**

Folgende Zeilen möchte ich Ihnen schenken:

Weil ich der einzige Mensch bin,

der eine lebenslange

Beziehung mit mir selbst hat,

entscheide ich mich:

MICH SO ZU LIEBEN, WIE ICH BIN!

Mir stets zuzugestehen,

dass ich so, wie ich bin,

genau richtig bin.

Mich zu lieben, zu ehren

und für mich zu sorgen.

Mein bester Freund,

meine beste Freundin zu sein.

Der Mensch zu sein, mit dem ich

den Rest meines Lebens

verbringen möchte.

Stets für mich zu sorgen,

damit ich für andere sorgen kann.

Meine Liebe und mein Leben ständig

weiterzuentwickeln und zu teilen.

Aus: Lebe ohne Sorge von John-Roger McWilliams

und Peter McWilliams

Das Ende dieses Buches naht.

Ihr Ziel war:

Haben Sie Ihr Ziel mit diesem Buch erreicht?

Wenn nicht: Wieviel Prozent haben Sie erreicht?

Was haben Sie über sich erfahren?

Last but not least

Nachdem mein Buch geschrieben ist, steige ich in meinen Bus ein. Stille ist zu vernehmen. Sie fangen an zu applaudieren. Mir kommen vor Rührung die Tränen. Liebe LeserInnen, ich muss noch einmal Pause machen und ein wenig weinen...

Die Kleine Heike klettert auf meinen Schoß und streichelt mein Gesicht, die anderen umringen mich, sind ganz still – unfassbar schön. Mein Herz ist so erleichtert, dass es sprechen konnte!

Jetzt sind Sie dran.

Nachdem Sie das Buch gelesen und mit den Übungen gearbeitet haben, freue ich mich über Mitteilungen von Ihnen. Schreiben Sie mir, wie Sie mit den Übungen zurechtgekommen sind, was sich bei Ihnen verändert hat, was sich noch verändern darf. Teilen Sie sich mir mit:

heike.fischer@muenster.de

Falls Sie Unterstützung bei den Übungen benötigen, können Sie gern im Einzel-Coaching zu mir in die Praxis kommen.

Falls Sie die Übungen lieber in einer Gruppe, in einer Atmosphäre von „Hier darf ich so sein, wie ich bin, und fühle mich sicher und beschützt“ ausführen wollen, besuchen Sie meine Seminare. Meine Schwester und ich leiten eine Jahresgruppe für Frauen. Sie sind herzlich willkommen.

Falls Sie einmal einen Tag unter Frauen verbringen möchten, an dem Sie relaxen, sich bewusst wahrnehmen wollen, gegenseitige Massagen genießen möchten, kommen Sie gern zu unseren Wohlfühltagen für Frauen mit dem Titel „Meine Zeit ist jetzt!“

Falls Sie die Entspannungsverfahren Autogenes Training oder Progressive Muskelentspannung erlernen wollen, können Sie meine CD „Entspannung – Autogenes Training und Progressive Muskelentspannung“ (mit Musik von Kai Niggemann) käuflich bei mir erwerben oder unter folgendem Link herunterladen:

https://itun.es/de/7EDV8

Eine Sprechprobe meiner Stimme finden Sie auf meiner Homepage.

Falls Sie in Münster wohnen und gern Yoga praktizieren wollen, kommen Sie zum Schnuppern vorbei. Auf meiner Homepage finden Sie die Kurstermine.

Bitte melden Sie sich per E-Mail an.

In Gedanken bin ich bei Ihnen!

Ihre

Heike Fischer

Alles ist möglich!

Ein Buch schreiben,

bei einem Schreibwettbewerb mitmachen,

gewinnen.

Heike: „Gott, ich danke dir für dein Vertrauen in mich und für die Wege, die du mir eröffnest. In tiefer Demut. Heike.“

Gott: „Heike, ich danke dir für deine Liebe.“

Heike Fischer, Jahrgang 1964, geboren in Münster, aufgewachsen als mittleres Kind in einer ganz normalen Familie, ohne Hund, jedoch mit Wellensittichen,

Mutter einer neunzehnjährigen Tochter.

heike fischer

Atem- und Entspannungspädagogin
Atem-Coach im palliativen Bereich
Yogalehrerin
Trainerin für multimodale
Stressbewältigung
Gesundheitsberaterin für
Rücken, Füße & Gelenke

heike.fischer@muenster.de
www.gesundheitsberatung-heike-fischer.de

Ich möchte Danke sagen:

Meiner Mama (87 Jahre alt, und ich hoffe, dass wir noch viele gemeinsame Jahre haben):

Als ich ihr sagte, dass ich ein Buch schreiben will, meinte sie: „Was du alles machst ... Toll!"

Als ich ihr sagte, dass ich einen Verlag suche, meinte sie: „Meine Bekannte hat in einem Verlag gearbeitet, da frag' ich nach." Die besagte Bekannte, Maria Hinricher, drückte meiner Mama einen Zeitungsartikel in die Hand: „Schreibwettbewerb in Münster". Dieser landete dann bei mir. Das war meine Chance! Gesagt, getan, Manuskript eingereicht.

Am 13. Juni 2017 bekam ich einen Anruf von den Westfälischen Nachrichten: „Frau Fischer, Sie können Ihre Mutter und deren Bekannte auf einen Sekt einladen. Sie haben den Wettbewerb gewonnen!" Wow!

Mama, Frau Hinricher: Mein Herz dankt euch!

Mama, ich danke dir, dass du mir das Leben geschenkt hast. Wo wäre ich nur ohne dich? Ich danke dir für deinen Glauben an mich und deine liebevolle Unterstützung. Du hast dich immer wie eine Löwin für mich eingesetzt. Du bist die beste Mama der Welt! Und zack!, schon bin ich drin, in meinem Herz-Gefühl.

Sebastian, meinem Seelenpartner, meinem Begleiter in guten wie in schlechten Zeiten. Dass wir uns immer wieder gegenübersitzen, uns tief in unsere wunderbaren Augen schauen und fühlen, was zu fühlen ist. Bei dir kann ich sein, wie ich bin. Mal „Korinthenkacker", mal liebende Frau, mal das Kind, das auf dem Spielplatz geschaukelt werden möchte.

Danke für die vielen liebevollen Stunden der Klausur. Für deine Geduld. Für das wunderbare Zeichnen der Skizzen. Danke, dass du mich immer wieder ermutigt hast, weiterzuschreiben, und mir dafür Zeit eingeräumt hast. Ich freue mich auf ein langes, gesundes Leben mit dir! Danke, dass du mir deine Hand gereicht hast.

Meiner Lieblingstochter, die ich über alles liebe. Danke, dass du mir die Erlaubnis gegeben hast, einige Begebenheiten aus unserem Leben zu schreiben.

Meiner Schwester: Schwesterherz, mit dir ist das Leben so viel reicher! Ich danke dir für deine Unterstützung. Bei meinen Rückenbeschwerden, bei Herzensangelegenheiten, bei Erziehungsfragen – und dafür, dass ich so sein kann, wie ich bin. Für deine Liebe. Ich fühle mich reich beschenkt. Ohne dich hätte ich dieses Buch nie geschrieben! Mein Herz sagt Danke. Dein Schwesterherz.

Meiner Lieblingsnichte: Du warst die Erste, die dieses Buch gelesen hat, und du warst begeistert! Als ich dir erzählte, dass ich in dem Schreibwettbewerb gewonnen habe, hast du dich so sehr mit mir gefreut und gesagt: „Du hast es so verdient!" Danke, dass du gesehen hast, mit wie viel Herzblut ich an diesem Buch geschrieben habe.

Meinen Freundinnen:

Astrid: Deine Illustration zu diesem Buch hat mich sofort überzeugt. Wunderbar! Es ist so leicht, mit dir zusammenzuarbeiten. Danke dafür! Deine Korrektur war so klar, so strukturiert. Ich freue mich auf viele gemeinsame Stunden mit Dir. Danke für Deine Freundschaft!

Claudia: Danke für deine jahrelange Freundschaft. Durch Höhen und Tiefen sind wir gegangen. Danke dafür, dass du dieses Buch gelesen hast, obwohl es in einer Zeit war, die dich ziemlich gerüttelt hat.

Elke: Wie schön, dass wir uns über unsere Kinder kennengelernt haben. So viele Jahre her! Viele Partys haben wir gemeinsam gefeiert. Oft haben wir beim Kaffee gesessen, Lebenskarten gezogen und uns gegenseitig etwas dazu gesagt. Ich danke dir für deine liebevolle Korrektur. Danke, dass du mir das Gefühl vermittelst: „Meine Tür ist für dich immer offen."

Jutta: Mal sehen wir uns ein ganzes Jahr nicht. Dann kommen Zeiten, da sehen wir uns wöchentlich. Die wöchentlichen Zeiten finde ich herrlich! Ich danke dir für deine Leichtigkeit und emotionale Tiefe. Für deine Klarheit und Direktheit. Danke, dass du mich an deinem bewegten Leben teilhaben lässt.

Sabine: Danke, dass du mich ermutigt hast, weiterzugehen. Mit diesem Buch und mit manch anderen Dingen. Wir haben uns in vielen Situationen tief ins Herz geschaut. Miteinander geweint, miteinander gelacht. Danke für dein Mit-Gefühl.

Danke, dass ihr **alle** dieses Buch gelesen habt, obwohl ihr viel zu tun hattet.

Danke für eure Geduld mit mir! Danke für euren Glauben an mich. Tiefes Glück empfinde ich, euch alle an meiner Seite zu haben. Noch mehr Glück, dass ihr alle auf diesem Weg des Suchens, des Findens, der Bereitschaft, Dinge zu verändern, diesem Weg des Herzens geht. Das macht mein Zusammensein mit euch so leicht.

Meiner Lektorin **Birgit Spohr**: Mit meinem Lektorat war ich bei Ihnen mit Ihren Erfahrungen als Psychologische Psychotherapeutin, Supervisorin, Dozentin und Autorin gut aufgehoben.

Ganz besonderen Dank dafür, dass Sie mich so liebevoll an die Hand genommen haben. Meine Kritikerin hätte gern mehr aufgetrumpft. Sie war handzahm, dank Ihrer einfühlsamen, konstruktiven Art und Weise. Danke für Ihre Ermutigung, mir die Prozesse noch einmal genauer anzuschauen oder sie noch eine Schicht tiefer zu durchfühlen.

Heike Heijnk: Danke! Danke für Ihren Einsatz. Ich suchte ein Korrektorat, und Sie waren bereit, dies zu übernehmen, obwohl die Zeit sehr knapp war. Ich hoffe, Sie konnten den versäumten Schlaf nachholen. Ohne Sie wäre dieses Buch nicht zum Abgabetermin fertig geworden!

12603637R00111

Printed in Germany
by Amazon Distribution
GmbH, Leipzig